光明社科文库

百图解读《资本论》

原玉廷◎著

光明日报出版社

图书在版编目（CIP）数据

百图解读《资本论》／原玉廷著．－－北京：光明
日报出版社，2019.6（2022.4 重印）
（光明社科文库）
ISBN 978 - 7 - 5194 - 5383 - 1

Ⅰ.①百… Ⅱ.①原… Ⅲ.①《资本论》—马克思著
作研究 Ⅳ.①A811.23

中国版本图书馆 CIP 数据核字（2019）第 114037 号

百图解读《资本论》
BAITU JIEDU《ZIBENLUN》

著　　者：原玉廷

责任编辑：曹美娜　朱　然　　　　　责任校对：赵鸣鸣
封面设计：中联学林　　　　　　　　责任印制：曹　净

出版发行：光明日报出版社
地　　址：北京市西城区永安路 106 号，100050
电　　话：010-67017249（咨询）　63131930（邮购）
传　　真：010 - 67078227，67078255
网　　址：http://book.gmw.cn
E - mail：gmrbcbs@ gmw.cn
法律顾问：北京市兰台律师事务所龚柳方律师

印　　刷：三河市华东印刷有限公司
装　　订：三河市华东印刷有限公司
本书如有破损、缺页、装订错误，请与本社联系调换，电话：010 - 67019571

开　　本：170mm×240mm
字　　数：293 千字　　　　　　　　印　　张：18.5
版　　次：2019 年 6 月第 1 版　　　印　　次：2022 年 4 月第 2 次印刷
书　　号：ISBN 978 - 7 - 5194 - 5383 - 1

定　　价：95.00 元

前　言

　　2018 年是全世界无产阶级和劳动人民的革命导师、马克思主义的主要创始人、马克思主义政党的缔造者和国际共产主义的开创者、近代以来最伟大的思想家马克思 200 周年诞辰。两个世纪过去了，人类社会发生了巨大而深刻的变化，但马克思的名字依然在世界各地受到人们的尊敬，马克思的学说尤其是《资本论》作为最重要的马克思主义经典著作之一，经受了时间和实践的检验，依然闪烁着耀眼的真理光芒！加强《资本论》的教学与研究，深化经典著作研究阐释，推进经典著作宣传普及，让人民了解和掌握马克思主义这一强大思想武器，是时代赋予我们的历史使命。呈现在读者面前的这一部《百图解读〈资本论〉》是本人在多年从事《资本论》和马克思主义政治经济学教学科研的基础上研究编写的。目的在于：通过形象直观的方式，系统把握《资本论》的逻辑结构、深刻理解《资本论》基本原理，全面领悟《资本论》的精神实质，助推《资本论》大众化、中国化和时代化。

一、《百图解读〈资本论〉》概述

　　《百图解读〈资本论〉》是试图运用"图表＋解读"的方式帮助读者，利用较短时间读懂鸿篇巨制《资本论》。

　　全书共分五个部分，共 100 多幅图表。第一部分是绪论：图表＋解读；第二部分是资本的生产过程：图表＋解读；第三部分是资本的流通过程：图表＋解读；第四部分是资本主义生产的总过程：图表＋解读。第五部分是附录。前四部分是用图示、表格和曲线的方式，对马克思

《资本论》理论体系、逻辑结构、原理范畴及其精神实质进行概括、归纳、抽象和提炼，为读者快速阅读《资本论》提供新的视角和思路。每一幅图后均有一个解读，这个解读不同于《资本论》解说，也不同于《资本论》的内容提要，而是对《资本论》精神实质的归纳概括。行文尽量用原话解读原著。最后一部分是对《资本论》的感悟，虽然字数不多，但它是本人重温《资本论》的心得体会。

本书按其表达形式，大致可以分为四大类：图解、表解、曲线和探析。

（一）图解：图示＋解读。图解是用框图来揭示原理。所谓框图就是表示一个系统各部分和各环节之间关系的图示，它的作用在于能够清晰地表达该系统各部分之间的关系。图解包括：图示和解读两个部分，它是本书的主体部分。其中，图示部分是根据内容要求，把《资本论》的相关理论用一幅幅框图勾画出来。其中，每一幅图都是一个完整的知识体系，通过这种形式把《资本论》的理论框架、逻辑体系、原理、范畴、概念及其内在联系呈现出来，给读者一个清晰的研究思路和视角传达。解读包括两个方面的内容：一是该图所表达的政治经济学原理，在《资本论》理论体系中所处的位置，具体在哪一章、哪一节，便于读者对照学习；二是对《资本论》的相关内容进行概括阐释，力争简明扼要。

1. 绪论部分的图解。绪论部分包括两幅图解。一幅是《资本论》总体结构图＋解读，另一幅是《资本论》研究方法图＋解读。通过这两幅图解，读者可以全面地把握《资本论》的理论体系和《资本论》的研究方法。

2. 资本的生产过程图解。第一幅图是：《资本论》第一卷的逻辑结构图。这幅图分三个层次：第一层是主体范畴，第二层是内容分布，第三层是篇章结构。通过这一幅图可以直观地了解：《资本论》第一卷第一篇到第七篇的研究范围；通过解读可以全面把握商品——货币——资本——剩余价值——工资——资本积累的逻辑结构；以及劳动产品——

商品、商品——货币、劳动力——商品、货币——资本、价值形成——价值增殖、剩余价值——资本的转化过程。在此基础上，按照马克思《资本论》第一卷的逻辑顺序进行了系统研究和整理。例如，商品理论图＋解读、劳动二重性图＋解读、商品拜物教图＋解读、商品交换过程图＋解读、货币职能结构图＋解读、劳动价值论结构图＋解读、价值形成过程图解、价值增殖过程图解、不变资本和可变资本划分图＋解读、绝对剩余价值生产和相对剩余价值生产比较图解、工资的本质和现象图＋解读、资本积累的一般规律图＋解读、资本积累的历史趋势图＋解读、资本的原始积累图＋解读等。

3. 资本的流通过程图解。包括《资本论》第二卷结构图＋解读、货币资本循环图＋解读、生产资本循环图解、商品资本循环图解、资本周转及其时间和费用图解、固定资本和流动资本划分图解、剩余价值流通图解、社会总资本再生产和流通图解等等。

4. 资本主义生产总过程图解。包括：《资本论》第三卷结构图＋解读、所费资本转化为成本价格、剩余价值转化为利润图＋解读、利润率和剩余价值率关系图＋解读、商品价值与市场价格图＋解读、利润率下降规律图＋解读、阻碍和抵消利润率下降的因素图＋解读、生息资本结构图＋解读、资本和盈利划分图＋解读、信用和虚拟资本图＋解读、银行资本构成图＋解读、贵金属流动图＋解读、级差地租图＋解读、绝对地租图＋解读、地租产生过程图＋解读、资本主义制度下国民收入分配与再分配图＋解读，等等。

（二）表解。所谓表解，是用一张表格概括一个范畴或一组范畴的主要内容或范畴与范畴之间的联系与区别。如，《资本论》第一卷中的价值形式或交换价值表解、作为货币和作为资本的货币之间的区别表解、资本总公式的矛盾表解、劳动力的买和卖表解、劳动过程的性质与特点表解、剩余价值率及其计算方法表解等。第二卷中的三种资本循环的联系与区别表解、可变资本周转不同引起的年剩余价值率不同表解、积累和扩大再生产表解等。第三卷中的周转对利润率的影响表解、不同生产部门利润率不同的原因表解、平均利润和生产价格的形成表解、货币资本和现实资本表解、资本主义地租形式比较表解等。

（三）曲线图。曲线图又称折线图，是利用曲线的升、降变化来表示被研究现象发展变化趋势的一种图形。根据马克思在分析研究社会经济现象发展变化、依存关系的基础上，运用经济数学的方法，描绘出来的经济运动轨迹。本书涉及的曲线图有：价值规律曲线、工作日变动曲线、计时工资曲线、计件工资曲线、利息率变动曲线等。

（四）感悟。读马克思主义经典、悟马克思主义原理、用经典涵养正气、淬炼思想、升华境界、指导实践，是新时代提出的新要求。为此，作者在图解的基础上，对一系列相关问题进行了专题研究。其中，有涉及政治经济学基本原理的，也有涉及我国现实问题的。如劳动二重性的表述问题，社会分工与私有制是商品生产存在的条件问题、商品价格定义问题、资本积累的历史趋势问题、马克思地租理论与我国土地制度建设问题、马克思主义政治经济学研究对象问题、习近平新时代中国特色社会主义经济思想研究，等等。这些问题的研究实质上是《资本论》思想境界的传承、发展和升华的问题。

二、主要观点、研究方法和学术探究

1. 主要观点

《资本论》需要大众化。马克思主义大众化应当包括《资本论》的大众化，没有《资本论》的大众化，就没有马克思主义大众化，至少是不完整的马克思主义大众化。深化《资本论》的研究和阐释，推进《资本论》的宣传和普及，把《资本论》真正提升到"圣经"的地位，任重道远。

大众化需要新途径。马克思主义大众化，就是把马克思主义的基本原理、基本观点通俗化、具体化、生活化，使之更好地为人民大众所理解、所接受、所运用。为此，寻找人民群众喜闻乐见、容易接受、便于理解、事半功倍的方法和途径是学界义不容辞的责任。《资本论》图解就是试图探寻这样一条新的途径。

新时代需要新探索。推进《资本论》大众化，关键在于突出时代性、人民性、通俗性，关注大众需求，回应大众关切，解答大众困惑，不断彰显马克思主义的生命力、亲和力、感召力。以马克思主义理论为指导，紧密联系我国经济发展的现实，运用马克思主义政治经济学原理，分析、解决中国的现实问题，深化、丰富和发展中国特色社会主义政治经济学，是本书的时代特征。

2. 研究方法

图示法。图示法是指利用几何的点、线、面、体不同形状，把所研究对象的内部结构、相互关系绘制成简单明快的图形，用以说明所研究对象的质与量、本质与现象、内容与形式之间的关系的一种方法。这种方法是本书使用最多，最具特色的研究方法和叙述方法。

阐释法。阐释是一个解释和了解文本的方法。它强调忠实客观地把握文本和作者的原意，根据文本本身来解读文本。本书试图在深入研究《资本论》原理的基础上，用高度概括的方式，通俗浅显的语言，把《资本论》变成人民群众容易理解和便于掌握的思想武器。

逻辑法。逻辑法是人们认识事物、演绎推理的一种思维方法。它包括比较分析、归纳综合，论证推理等方法，即以逻辑规律为指导，根据事实材料，范畴概念，进行判断推理，构成理论体系的方法。本书在研究《资本论》逻辑结构时多采用这种方法。如，用资本运动总公式 $G—W\cdots P\cdots W'—G'$ 为主线，总结出《资本论》1—3 卷的理论框架和逻辑结构，既科学，又简单，还好记。

3. 学术价值

研究方法的创新：以往学界对《资本论》的阐释，多采取文字"解说"和"提要"的方式，虽然有学者采用图表的方式，但是凤毛麟角，碎片化。本书则以图示、表格、曲线为主体，基本做到《资本论》主要内容的全覆盖。

理论观点的创新：理论观点的创新主要体现在感悟与探析部分。在这里，一方面，澄清了一些容易被人忽视、误解或混淆的基本原理，如，"具体劳动"和"抽象劳动"的表述问题，"社会分工和私有制是商品生产存在的条件"的概念界定问题。另一方面，本着学以致用的原则，对中国特色社会主义政治经济学和土地经济学重建提出一些建设性意见。

　　编写体例的创新：本书突破了传统的经典著作阐释方法，采用"图示＋表格＋曲线＋解读＋理论探索"的编写体例，真正体现出读原著，悟原理，传承和发展马克思主义的时代精神。

　　《资本论》博大精深，《资本论》大众化，任重道远。作者愿意为《资本论》大众化奉献毕生精力。

作者

2018 年 5 月 8 日

目　录
CONTENTS

附　　录 ……………………………………………………… **251**

绪论　图表与解读

《资本论》结构图

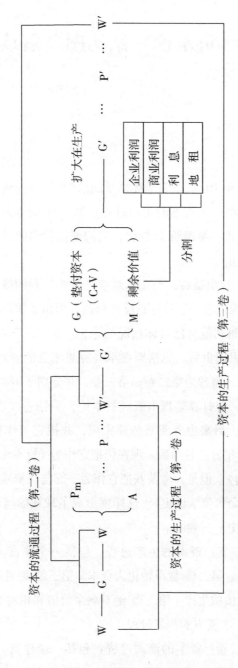

说明：1.《资本论》的研究对象是资本主义生产方式以及它相适应的生产关系和交换关系。

2. 第一卷是撇开流通过程和分配过程，专门研究资本的生产过程。

3. 第二卷是联系资本的生产过程来研究资本的流通过程。

4. 第三卷是结合生产、流通、分配来研究资本主义的生产总过程。

"《资本论》结构图"解读

1. 背景知识

马克思在 1866 年 10 月 13 日给库格曼的信中写道:《资本论》全部著作分为以下几部分:第一册 资本的生产过程;第二册 资本的流通过程;第三册 总过程的各种形式;第四册 理论史;我们现在看到的《资本论》和马克思当时的设想不尽相同。

《资本论》第一卷出版后,马克思继续进行第一卷的修改和译文校订工作,并对第二卷和第三卷的手稿进行反复修改,但由于国际工人协会活动占用马克思大量的时间和他自己身体状况的恶化,第二、三卷未能及时出版,他就逝世了。马克思逝世后,恩格斯继承马克思未竟的事业,把《资本论》"第二册""第三册"整理为第二卷和第三卷,并分别于 1885 年和 1894 年出版。恩格斯在世时,曾打算整理出版《资本论》第四卷(理论史),可惜他未能实现这个愿望,后来由考茨基整理完成,并把它当作独立著作于 1904 年、1905 年、1910 年分三卷出版。现在仍把它作为《资本论》的第四卷编入《马克思恩格斯全集》。但是,考茨基把它作为一部与《资本论》平行的独立著作,命名为《剩余价值学说史》。这样就形成了现在的《资本论》三卷本和《剩余价值学说史》三卷本。

《资本论》第一卷:资本的生产过程。包括一个序言、七篇二十五章。第一篇 商品和货币。第二篇 货币转化为资本。第三篇 绝对剩余价值的生产。第四篇 相对剩余价值的生产。第五篇 绝对剩余价值和相对剩余价值的生产。第六篇 工资。第七篇 资本的积累过程。

《资本论》第二卷:资本的流通过程。包括一个序言、三篇二十一章。第一篇 资本形态变化及其循环。第二篇 资本周转。第三篇社会总资本的再生产和流通。

《资本论》第三卷：资本主义生产的总过程，包括一个序言、七篇五十二章。第一篇 剩余价值转化为利润和剩余价值率转化为利润率；第二篇 利润转化为平均利润；第三篇 利润率趋向下降的规律；第四篇 商品资本和货币资本转化为商品经营资本和货币经营资本（商人资本）；第五篇 利润分为利息和企业主收入。生息资本；第六篇 超额利润转化为地租；第七篇 各种收入及其源泉及弗·恩格斯《资本论》第三卷增补。

2. 研究对象

马克思说："我要在本书研究的，是资本主义生产方式以及和它相适应的生产关系和交换关系"①。"本书的最终目的就是揭示现代社会的经济运动规律"②。具体来说，在第一卷中，研究的是资本主义生产过程本身作为直接生产过程考察时呈现的各种现象，而撇开了这个过程以外的各种情况引起的一切次要影响。但是，这个直接的生产过程并没有结束资本主义的生活过程。在现实世界里，它还要由流通过程来补充，而流通过程则是第二卷研究的对象。在第二卷中，特别是把流通过程作为社会再生产过程的媒介来考察的。第三卷指出：资本主义生产过程，就整体来看，是生产过程与流通过程的统一。至于这个第三卷的内容，它不能是对于这个统一的一般的考察。相反地，这一卷要揭示和说明资本运动过程作为整体考察时所产生的各种具体形式"。简单地说，《资本论》第一卷研究的是资本的生产过程，重点研究剩余价值的生产，如图 $W—G—W \begin{cases} Pm \\ A \end{cases} \cdots P \cdots W'$。第二卷研究的是资本的流通过程，重点研究剩余价值的实现，如图 $W'—G'$。第三卷研究资本主义生产总过程，即 $G—W \cdots P \cdots W'—G'$、研究资本和剩余价值的各种具体形式，重点研究利润、平均利润、生产价格、商业资本、借贷资本、土地资本和利润、利息、地租等。

---

① 马克思. 资本论：第一卷 ［M］. 北京：人民出版社，1975：8.
② 马克思. 资本论：第一卷 ［M］. 北京：人民出版社，1975：11.

3. 逻辑顺序

（1）商品：商品的两个因素。劳动二重性。相对价值形式和等价形式。简单的、个别的或偶然的价值形式，总和的或扩大的价值形式，一般的价值形式，货币形式。

（2）货币：充当一等价物的商品。商品交换的必然产物。货币职能：价值尺度、流通手段、货币贮藏、支付手段、世界货币。

（3）资本和剩余价值：资本总公式及其矛盾。劳动力买卖。货币转化为资本。剩余价值。

（4）资本与剩余价值生产：劳动过程和价值增值过程。不变资本和可变资本。剩余价值率和剩余价值量。绝对剩余价值生产和相对剩余价值生产。协作、分工和工场手工业、机器大工业。工资。资本积累和原始积累。

（5）资本与剩余价值流通：货币资本循环、生产资本循环、商品资本循环。资本循环与周转。社会总资本的再生产与流通。简单再生产和扩大再生产。

（6）资本与剩余价值分配：剩余价值转化为利润和剩余价值率转化为利润率。成本价格和利润。利润转化为平均利润。利润率转化为平均利润率。生产价格。商品经营资本、货币经营资本、生息资本。利润、利息和地租。

4. 图示说明

呈现在您面前的这幅《资本论》结构图以资本运动总公式 $G-W \cdots P \cdots W'-G'$ 为主线，将《资本论》三卷本所涉及的主要内容全部展示出来。其中，W——代表商品；G——代表货币；Pm——代表生产资料；A——代表劳动力；W'——带有剩余价值的商品；G'——带有剩余价值的货币；P——生产过程；P'——再生产过程；M——剩余价值；C——不变资本；V——可变资本。

为什么要用 $G-W-G'$ 来表述《资本论》的逻辑结构？因为 $G-W-G'$ 既是产业资本的公式，也是资本运动的总公式。如果把这个公式扩展开 $G-W \cdots P \cdots W'-G'. G-W \cdots P \cdots W'-G'. G-W \cdots P \cdots W'-G'$ 你就会发现它几乎可以囊括所有资本的流通公式，如，借贷资本公式：$G-G'$；商品资本公式

$W \cdots P \cdots W' - G'$. $G - W$；生产资本公式 $P \cdots W' - G'$. $G - W \cdots P$ 等。所以马克思讲，"$G - W - G'$ 事实上是直接在流通领域内表现出来的资本的总公式"①。用 $G - W - G'$ 这个资本总公式及其循环可以大致勾勒出马克思三卷《资本论》的基本脉络。

需要指出的是：$W - G - W$ 是商品流通的直接形式，即商品转化为货币，货币再转换为商品，为买而卖。$G - W - G$ 是货币流通的表现形式，即货币转化为商品，商品再转化为货币，为卖而买。$G - W - G'$ 则是资本流通的表现形式，它与货币流通的区别在于通过流通之后带来剩余价值。这里的 $G' = G + \triangle G$。

马克思指出，$G - W - G'$ 这个公式表面看好像是货币运动公式，即商人拿上钱购买商品，然后再把商品卖出去，赚回更多的货币。但是，在资本主义制度下，$G - W - G'$ 不是一般的货币流通公式，而是资本运动公式。这里资本家不是靠贱买贵卖，获得更多的货币。因为，在流通过程中始终遵循等价交换原则，$G - W$ 要遵循等价交换，$W - G$ 也要等价交换。所不同的是在 $G - W$ 这个阶段资本家购买到了一种特殊商品——劳动力。在生产过程中，劳动力创造了一个高于自身价值的价值——剩余价值。劳动力成为商品是货币转化为资本的前提。

---

① 马克思. 资本论：第一卷 [M]. 北京：人民出版社，1975：177.

《资本论》研究方法图 ①

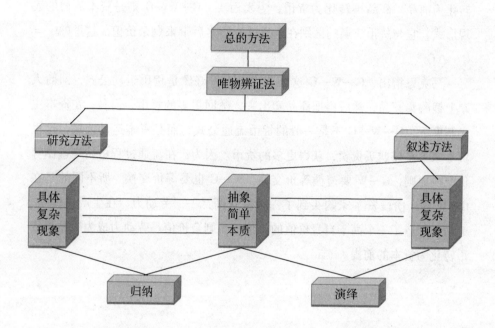

---

① 《资本论》研究方法图依据是马克思《资本论》第一卷 第二版跋。（详见《资本论》第一卷 卡尔·马克思 第二版跋 第 19 页—24 页）

"《资本论》研究方法图"解读

　　1867 年 9 月《资本论》在德国汉堡正式出版，全称《资本论·政治经济学批判》，这是马克思研究资本主义社会经济形态的巅峰之作。《资本论》的出版引起社会各界的广泛关注。人们不仅对《资本论》的内容进行了深入地研究，而且对《资本论》的研究方法也产生了极大的兴趣。但是就总体来说，人们对《资本论》中应用的方法理解还是不够的。如，有人责备马克思是"形而上学地研究经济学"，认为"马克思的方法是整个英国学派的演绎法"；也有人认为，马克思的方法是分析的方法；还有人认为，马克思的研究方法是严格的现实主义，而叙述方法是德国辩证法。对此，马克思在《第二版跋》中针对各种说法，阐明了自己的研究方法和叙述方法。

1. 《资本论》的研究方法总的来说是唯物辩证法

　　马克思的《资本论》既是一部经济学著作，也是一部哲学著作。《资本论》中应用的方法，既不是英国学派的演绎法，也不是德国学派的辩证法。他的方法是唯物辩证法。正如马克思指出："我的辩证方法，从根本上来说，不仅和黑格尔的辩证方法不同，而且和它截然相反。在黑格尔看来，思维过程……是现实事物的创造主，而现实事物只是思维过程的外部表现。"① 在马克思看来，黑格尔的辩证法是建立在唯心主义基础上的，而马克思辩证法是建立在唯物论基础上的。马克思认为，观念的东西不外是移入人的头脑并在头脑中改造过的物质的东西而已，是物质决定意识，而不是意识决定物质，物质是第一性的，意识是第二性的。

---

　　① 马克思. 资本论：第一卷［M］. 北京：人民出版社，1975：24.

2. 辩证法既不神秘，也不恐怖

辩证法（dialectics）是关于自然、社会和思维发展的最一般规律的科学，是科学的世界观和方法论。"辩证法"一词源于古希腊文，意思是人们进行谈话的艺术，由"我谈话、我发议论"演化而来，原意是指在辩论中揭露对方议论中的矛盾并克服这些矛盾的方法。"辩证法"这个术语，哲学史上曾在各种不同意义上被使用，在不同的历史时期和不同的哲学家那里，有不同的含义。公元前6世纪，在古希腊奴隶制城邦形成时期，一些哲学家围绕世界的本原问题进行了争论，产生了古希腊哲学中的辩证法。约公元前5世纪，古希腊哲学各派论争之风盛行，哲学家们都比较注重争论的技巧和方法。这时，人们把论证或分析命题中的矛盾，以及在谈话中揭露对方论断中的矛盾并克服这些矛盾以求得真理的方法，叫作辩证法。18世纪末和19世纪初，自然科学的发展和社会历史所显示的辩证性质，为德国古典哲学家对辩证法的探讨提供了条件，辩证法的含义也日益丰富起来。德国古典哲学家黑格尔，在客观唯心主义基础上丰富和发展了辩证法的含义，他不只是把辩证法看作一种思维方法，同时认为它也是适用于一切现象的普遍原则，是一种宇宙观。19世纪中叶，自然科学的发展揭露出自然界的辩证性质，无产阶级革命运动的兴起也使社会历史运动的辩证法更加显露出来。马克思恩格斯在概括革命实践经验和自然科学新成果的基础上，批判地继承了黑格尔的唯心主义辩证法，创立了唯物辩证法。

由此可见，辩证法既不神秘，也不恐怖。它是人们认识世界、改造世界的方法或工具。它有三个特点：一"辩证法在对现存事物的肯定的理解的同时包含着对现存事物否定的理解。"① 事物发展都有一个从产生、发展到灭亡的过程；二辩证法对每一种既成的形式都是从不断地运动中（暂时性）去理解的；三辩证法不崇拜任何东西，按其本质来说，它是批判的革命的。

3. 研究方法与叙述方法不同

研究方法。研究方法是指在研究中发现新现象、新事物，或提出新理

---

① 马克思. 资本论：第一卷［M］. 北京：人民出版社，1975：24.

论、新观点，揭示事物内在规律的工具和手段。这是运用智慧进行科学思维的技巧，也是透过现象看到本质的思维过程。事物发展往往是十分复杂的，如何从具体的复杂的现象中看到事物的本质特征，需要抽象，需要把与本质关系不大的现象暂时舍弃，由复杂变得简单，由具体变得抽象。如，商品这个范畴，表面上看很复杂，不仅因为资本主义生产方式占统治地位的社会的财富，表现为庞大的商品堆积，而且因为不同的商品有不同的用途，靠自己的属性来满足人们的某种需要。即使是同一种商品，不同场合也有不同的用场。但是作为政治经济学研究对象的商品，它有自己的本质属性：使用价值与价值。马克思就是从具体到抽象，从复杂到简单，从现象到本质进行研究的。

叙述方法。叙述方法与研究方法正好相反。叙述方法是建立在研究方法基础上的。是将经过抽象过的具体的简单的本质的范畴，按照一定的逻辑顺序由简单到复杂、由抽象到具体、由本质到现象进行理论叙述。这里的复杂、具体、现象与研究之前的复杂、具体、现象不同，它是经过抽象之后的具有本质规定的复杂、具体现象。

正如马克思指出的："在形式上，叙述方法必须与研究方法不同。研究必须充分占有材料，分析它的各种发展形式，探析这些形式的内在联系。只有这项工作完成以后，现实的运动才能适当地叙述出来。"[①]由此可见，研究与叙述是两个截然不同的过程。研究在前，叙述在后。我们看到的《资本论》就是马克思经过深入研究资本主义经济运动过程之后，按照叙述方法建立的理论框架和逻辑体系。

---

① 马克思. 资本论：第一卷［M］. 北京：人民出版社，1975：23.

第一章　资本的生产过程
图表+解读

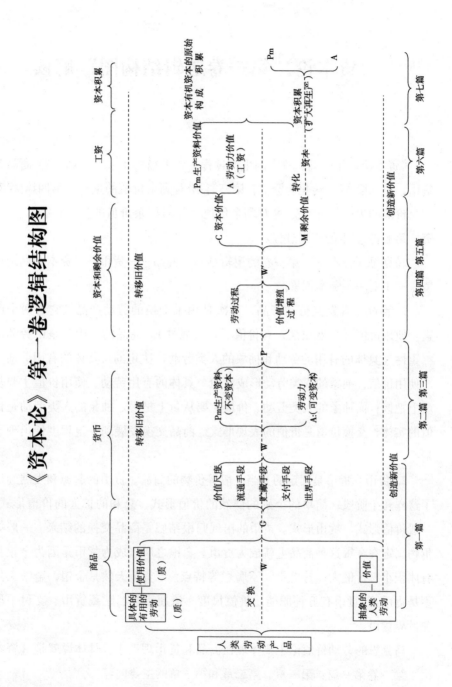

《资本论》第一卷逻辑结构图

"《资本论》第一卷逻辑结构图"解读

　　《资本论》第一卷：资本的生产过程，含七篇二十五章。第一篇 商品和货币；第二篇 货币转化为资本；第三篇 绝对剩余价值的生产；第四篇 相对剩余价值的生产；第五篇 绝对剩余价值和相对剩余价值的生产；第六篇 工资；第七篇 资本的积累过程。

　　马克思《资本论》第一卷的逻辑结构：商品——货币——资本和剩余价值——工资——资本积累。

　　1. 商品　首先是劳动产品，其次是用来交换的劳动产品。它有两个因素：使用价值（自然属性）和价值（社会属性）。商品的二因素是由劳动的二重性（具体的有用的劳动和抽象的人类劳动）决定的。具体的有用劳动生产使用价值，抽象的人类劳动形成价值。具体的有用劳动、使用价值主要从质上把握；而抽象的人类劳动、价值主要从量上把握。抽象的人类劳动是价值的实体，交换价值是价值的表现形式。商品交换发展到一定程度便出现了货币。

　　2. 货币　货币是固定的充当一般等价物的商品。货币的起源和发展经历了这样几个阶段：简单的个别的偶然的价值形式、总和的扩大的价值形式、一般价值形式、货币形式。货币的出现归根结底是商品交换的结果。一般等价物固定在金银这种商品上就成为货币。金银之所以成为货币是因为金银具有体积小、价值大、易携带、不腐烂等特点。"货币天然是金银，金银天然不是货币。"货币有五种职能：价值尺度、流通手段、贮藏货币、支付手段和世界货币。

　　马克思的劳动价值论主要体现在商品和货币理论中，具体说就是《资本论》第一卷第一篇：第一章、第二章和第三章的主要内容。

　　3. 资本和剩余价值　资本和剩余价值理论集中体现在《资本论》第一

卷第二篇 第四章：货币转化为资本中。

"商品流通是资本的起点。商品生产和发达的商品流通，即贸易，是资本产生的历史前提。"① "商品流通的这个最后产物——货币是资本的最初的表现形式。"②

商品流通与资本流通有着本质的区别。W—G—W 是商品流通的直接形式，即商品转化为货币，货币再转换为商品，为买而卖。G—W—G 是货币流通的表现形式，即货币转化为商品，商品在转化为货币，为卖而买。G—W—G′ 则是资本流通的表现形式，它与货币流通的区别在于通过流通之后，带来剩余价值（这里的 G′ = G + △G）。

马克思指出，G—W--G′ 是资本总公式。这个公式表面看好像是货币运动公式，即商人拿上钱购买商品，然后再把商品卖出去，赚回更多的货币。但是，在资本主义制度下，G—W—G′ 不是一般的货币流通公式，而是资本运动公式。这里资本家不是靠贱买贵卖，获得更多的货币。因为，在流通过程中始终遵循等价交换原则。G—W 要等价交换，W—G 也要等价交换。所不同的是在 G—W 这个阶段资本家购买到了一种特殊商品——劳动力。在生产过程中，劳动力创造了一个高于自身价值的价值——剩余价值。劳动力成为商品是货币转化为资本的前提。资本是能够带来剩余价值的价值。剩余价值是劳动者创造的超过自身劳动力价值的价值。

4. 劳动过程、价值形成过程与价值增殖过程　第三篇绝对剩余价值的生产（含第五章、第六章、第七章、第八章、第九章）。其中，第五章是劳动过程与价值增殖过程。马克思说："劳动过程是制造使用价值的有目的的活动，是为了人类的需要而占用自然物，是人和自然之间的物质变换的一般条件，是人类生活的永恒的自然条件……它是人类生活的一切社会形式所共有的。"③ 资本主义条件下的劳动过程有两个特殊现象：第一个特殊现象是工人在资本家的监督下劳动，他的劳动属于资本家。第二个特殊现象是产品是资本家的所有物，而不是直接生产者工人的所有物。

---

① 马克思．资本论：第一卷［M］．北京：人民出版社，1975：167.
② 马克思．资本论：第一卷［M］．北京：人民出版社，1975：167.
③ 马克思．资本论：第一卷［M］．北京：人民出版社，1975：208－209.

资本主义制度下的劳动过程，不仅要生产使用价值，而且要生产商品；不仅要生产使用价值，而且要生产价值；不仅要生产价值，而且要生产剩余价值。资本主义的商品生产过程是劳动过程和价值形成过程的统一。如果价值形成过程只维持到这样一个点，即资本所支付的劳动力价值恰好为新的等价物所补偿，那就是单纯的价值形成过程。如果价值形成过程超过这一点，那就是价值增殖过程。"作为劳动过程和价值形成过程的统一，生产过程是商品生产过程；作为劳动过程和价值增殖过程的统一，生产过程是资本主义生产过程，是商品生产的资本主义形式。"①

5. 不变资本和可变资本　为了讲清楚价值形成过程与价值增殖过程的联系，在第六章马克思将资本区分为不变资本和可变资本。因为"变为生产资料即材料、辅助材料、劳动资料的那部分资本，在生产过程中并不改变自己的价值量。因此，我把它称为不变资本部分，或简称为不变资本。相反，变为劳动力的那部分资本，在生产过程中改变了自己的价值。它再生产自身的等价物和一个超过这个等价物而形成的余额，剩余价值。这个剩余价值本身可以变化，是可大可小的。这部分资本从不变量不断变为可变量。因此，我把它称为可变资本部分，或简称为可变资本。"②

6. 剩余价值率　在资本主义制度下，商品价值 = C + V + M，其中，C——不变资本，V——可变资本，M——剩余价值。工人的工作日可以分为两个部分：必要劳动时间和剩余劳动时间，或必要劳动和剩余劳动，必要劳动时间生产可变资本 V，剩余劳动时间生产 M。资本家对工人的剥削程度用 M′——剩余价值率表示。用公式表示：M′ = M/V。在该公式中，M′ 为剩余价值率，M 为剩余价值，V 为可变资本。剩余价值率 M′ = M/V = 剩余劳动/必要劳动 = 剩余劳动时间/必要劳动时间。

7. 绝对剩余价值的生产与相对剩余价值的生产　在必要劳动时间既定的前提下，通过延长工作日而生产的剩余价值叫作绝对剩余价值；相反，在工作日既定的前提下，通过缩短必要劳动时间，相应延长剩余劳动时间而生产的剩余价值叫作相对剩余价值。绝对剩余价值生产是依靠工作日的绝对延长

---

① 马克思. 资本论：第一卷 [M]. 北京：人民出版社，1975：223.
② 马克思. 资本论：第一卷 [M]. 北京：人民出版社，1975：235－236.

而提高剩余价值率；而相对剩余价值生产是依靠提高劳动生产率，降低劳动力价值，从而缩短再生产劳动力价值所需要的工作日部分。

《资本论》第一卷第四篇的第十章：协作、第十一章：分工和工场手工业、第十三章：机器和大工业，实际上是描述劳动生产率如何提高和相对剩余价值生产发展的历史进程。第五篇的第十四章、第十五章、第十六章是对前面第五章、第六章、第七章、第八章、第九章、第十章的一个深化。

8. 工资　马克思的工资理论主要反映在《资本论》第一卷第六篇（第十七章：劳动力的价值或价格转化为工资。第十八章：计时工资。第十九章：计件工资。第二十章：工资的国民差异）。工资是劳动力价值或价格的转化形式，但是在资本主义制度下却表现为劳动的价值或价格。工资的形式消灭了工作日分为必要劳动和剩余劳动，分为有酬劳动和无酬劳动的一切痕迹。全部劳动都表现为有酬劳动。工资本身又采取各种各样的形式，如计时工资、计件工资等。

9. 资本的积累过程和资本主义积累的一般规律　马克思的资本积累理论分为：资本原始积累和资本积累两个部分。在《资本论》第一卷第七篇中集中论述了这一理论。第二十一章：简单再生产，第二十二章：剩余价值转化为资本，第二十三章：资本主义积累的一般规律。这几章主要论述资本积累。第二十四章：所谓原始积累，第二十五章：现代殖民理论，主要是讲资本的原始积累。

马克思的资本积累理论揭示了一个真理：不仅资本家手中的剩余价值是工人阶级创造的，而且资本家手中的资本也是工人阶级创造的，就连最初的原始资本也是资本家不择手段得到的。

从生产、再生产；简单再生产、扩大再生产入手，集中论述资本主义再生产本质上是剩余价值转化为资本的过程，它既是资本和剩余价值的再生产，也是劳动力的再生产，同时还是资本主义生产关系的再生产。随着资本有机构成的提高，生产规模不断扩大，相对过剩人口大量涌现，产业后备军日益增多，于是便出现两极分化：一极是财富越来越集中在少数资本家手中，另一极则是工人阶级中贫困阶层和产业后备军越大，官方认为需要救济的贫民也就越多。这就是资本主义积累的绝对的一般的规律。①

10. 资本原始积累和资本主义积累的历史趋势   所谓资本原始积累只不过是生产者和生产资料分离的历史过程。这个过程所以表现为"原始的",因为它形成资本及与之相适应的生产方式的"前史"。马克思在这里列举了大量的史料,证明:资本的原始积累是用血与火写成的编年史。如,对农村居民土地的剥夺、血腥立法、压低工资、掠夺殖民地等。资本主义积累的历史趋势:生产资料的集中和劳动的社会化,达到了同它们的资本主义外壳不能相容的地步。这个外壳就要炸毁了。资本主义私有制的丧钟就要敲响了。剥夺者就要被剥夺了。②

---

① 马克思. 资本论:第一卷 [M]. 北京:人民出版社,1975:707.
② 马克思. 资本论:第一卷 [M]. 北京:人民出版社,1975:831-832.

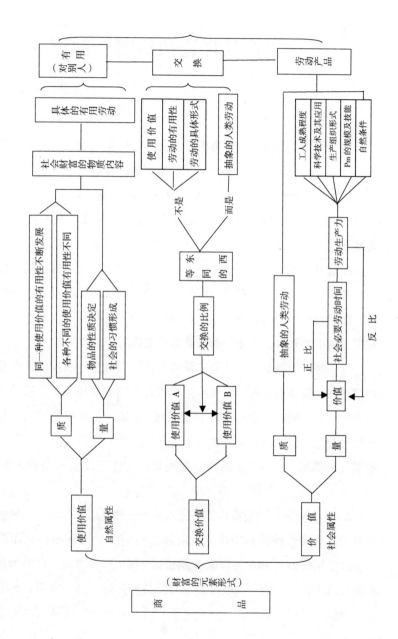

商品理论结构图

"商品理论结构图"解读

　　马克思的商品理论主要集中在《资本论》第一卷、第一篇、第一章：商品的两个因素：使用价值和价值（价值实体，价值量）一节中。

　　资本主义生产方式占统治地位的社会的财富，表现为"庞大的商品堆积"，单个的商品表现为这种财富的元素形式。因此，我们的研究就从分析商品开始。①

　　1. 使用价值　商品首先是一个外界的对象，一个靠自己的属性来满足人的某种需要的物。物的有用性使物成为使用价值。使用价值是商品的自然属性。商品的使用价值是对商品消费者而言的，也就是说物的有用性是对别人有用，而不是对自己有用。商品是由来交换的劳动产品。

　　每一种有用物都可以从质和量两个角度来考察。从质的方面看：每一种物都有许多属性或用途。各种不同物各有不同的有用性。从量的方面看：不同的物品有不同的计量方式（社会尺度）。如，几斤棉花、几尺布。商品的计量尺度之所以不同，部分是由于被计量的物的性质不同，部分是由于约定俗成（习惯）。不论财富的社会形式如何，使用价值总是构成财富的物质内容。

　　2. 交换价值　"交换价值首先表现为一种使用价值同另一种使用价值相交换的量的关系或比例，这个比例随着时间和地点的不同而不断改变。"②为什么使用价值 A 和使用价值 B 能相互交换呢？一方面，是因为这两种使用价值在质上是不同的，可以满足双方的某种需要；另一方面，是因为这两种使用价值有共同的的东西。那么这个共同点是什么？这种东西不是商品的天

---

　　① 马克思. 资本论：第一卷［M］. 北京：人民出版社，1975：47.
　　② 马克思. 资本论：第一卷［M］. 北京：人民出版社，1975：49.

然属性：使用价值、劳动的有用性和劳动的具体形式而是商品的社会属性——无差别的人类劳动的凝结——价值。

作为使用价值，商品首先有质的差别；作为交换价值，商品只能有量的差别。

3. 价值　价值是无差别的人类劳动的凝结或抽象的人类劳动。价值量是用形成价值的实体——劳动的量来计量的。这个劳动量不是某个人生产某种商品所花费的劳动时间，而是社会必要劳动时间。"社会必要劳动时间是在现有的社会正常的生产条件下，在社会平均的劳动熟练程度和劳动强度下制造某种使用价值所需要的劳动时间。"① 生产商品所需要的劳动时间会随着劳动生产力的变动而变动。"劳动生产力是由多种情况决定的，其中包括：工人的平均熟练程度，科学的发展水平和它在工艺上的应用程度，生产过程的社会结合，生产资料的规模和效能，以及自然条件。"② "总之，劳动生产力越高，生产一种物品所需要的劳动时间就越少，凝结在该物品中的劳动量就越小，该物品的价值就越小。相反地，劳动生产力越低，生产一种物品的必要劳动时间就越多，该物品的价值就越大。可见，商品的价值量与体现在商品中的劳动的量成正比，与这一劳动的生产力成反比。"③

---

①　马克思．资本论：第一卷［M］．北京：人民出版社，1975：52.

②　马克思．资本论：第一卷［M］．北京：人民出版社，1975：53.

③　马克思．资本论：第一卷［M］．北京：人民出版社，1975：53－54.

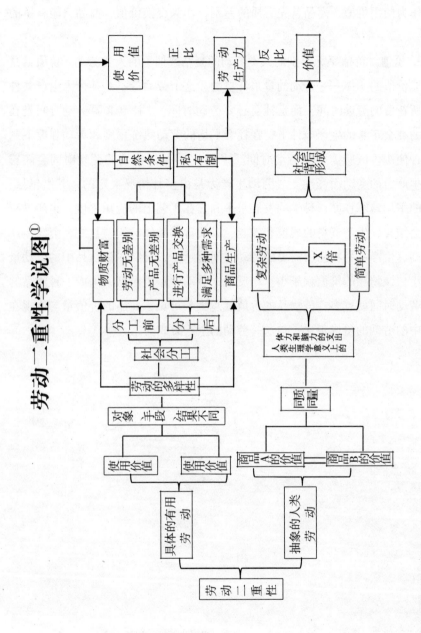

劳动二重性学说图①

① 马克思的劳动二重性学说主要集中在《资本论》第一卷第一篇第一章商品中的劳动的二重性一节中。

"劳动二重性学说图" 解读

劳动二重性学说是马克思劳动价值论和剩余价值理论的基础，是马克思首先发现的。当年，马克思在写给恩格斯的信中说，《资本论》最好的地方是：在第一章就着重指出了按照不同情况表现为使用价值或交换价值的劳动的二重性（这是对事实的全部理解的基础）。正是在这个意义上，马克思说，劳动二重性是理解政治经济学的枢纽。

1. 具体的有用劳动

① 生产不同的使用价值需要进行不同的生产活动，这种活动是由它的生产目的、操作方式、对象和结果决定的。为了生产某种使用价值，采取特定的操作方式和手段，作用于特定的劳动对象，我们把这种人类活动称之为具体的有用劳动。

② 使用价值或商品体是多种多样的，生产它的具体的有用劳动也是多种多样的，有用劳动的不同表现为社会分工。社会分工是商品生产存在的条件，但不是商品生产产生的原因。"只有独立的互不依赖的私人劳动的产品，才作为商品互相对立"①，由此可见，私有制才是商品生产产生的真正原因。

③ "劳动作为使用价值的创造者，作为有用劳动，是不以一切社会形式为转移的人类生存条件，是人与自然之间的物质变换即人类生活得以实现的永恒的自然必然性。"② 但是，劳动并不是它所生产的使用价值即物质财富的唯一源泉。劳动和自然资源的有机结合才创造财富。正如威廉·配第所说，劳动是财富之父，土地是财富之母。

---

① 马克思. 资本论：第一卷 [M]. 北京：人民出版社，1975：55.
② 马克思. 资本论：第一卷 [M]. 北京：人民出版社，1975：56.

2. 抽象的人类劳动

① 如果把生产活动的特定性质撇开，从而把劳动的有用性质撇开，生产活动就只剩下一点：它是人类劳动力的耗费。我们把这种无差别的人类劳动称为抽象劳动。**抽象劳动**创造商品价值，是商品价值的实体。

② 简单劳动——它是每个没有任何专长的普通人的机体平均具有的简单劳动力的耗费。

③ 复杂劳动——只是自乘的或多倍的简单劳动。商品交换时，不同商品所含的劳动量是不尽相同的，只有将各种劳动化为简单劳动，才能大致有一个交换的比例。比如20码麻布 = 1件上衣。这种比例不是计算出来的，而是在生产者背后由社会过程决定的，在人们看来是由习惯确定的。

3. 具体的有用劳动与抽象的人类劳动

① 就使用价值来说，有意义的只是商品中包含的劳动的质；就价值量来说，有意义的只是商品中包含的劳动的量，不过这种劳动已经化为没有质的区别的人类劳动。

② 生产力始终是有用的具体劳动的生产力。有用劳动的生产力越高，生产的社会财富就越多。但是，不管生产力发生什么变化，同一劳动在同样的时间内提供的价值量总是相同的。

"一切劳动，从一方面看，是人类劳动力在生理学意义上的耗费；作为相同的或抽象的人类劳动，它形成价值。一切劳动，从另一方面看，是人类劳动力在特殊的有一定目的的形式上的耗费；作为具体的有用劳动，它生产使用价值。"① 由此可见，具体的有用劳动与抽象的人类劳动是同一劳动的两个方面，而不是两种劳动或两次劳动。

---

① 马克思. 资本论：第一卷［M］. 北京：人民出版社，1975：60.

商品二因素与劳动二重性关系图①

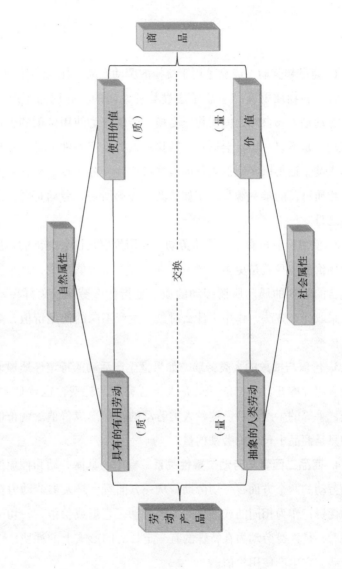

---

① 商品二因素与劳动二重性关系，主要集中在《资本论》第一卷 第一篇 第一章 商品中的劳动的二重性一节中。

"商品二因素与劳动二重性关系图"解读

1. 商品和劳动 商品是用于交换的劳动产品。任何一种物品，只要不是天然存在的物质财富，它总是通过某种专门的、有用的生产活动创造出来的。劳动是人和自然之间的物质交换。劳动作为使用价值的创造者，作为有用劳动，是不以一切社会形式为转移的人类生存条件，是人和自然的物质变换即人类生活得以实现的永恒的自然必然性。劳动并不是它所生产的使用价值即物质财富的唯一源泉。正如威廉·配第所说，劳动是财富之父，土地是财富之母。

2. 使用价值与有用的具体劳动 使用价值是社会财富的物质内容。更多的使用价值本身就是更多的物质财富。就使用价值来说，有意义的只是商品中包含的劳动的质。所谓劳动的质，是指什么劳动，怎样劳动，用什么工具，采取什么方法，作用于什么对象。生产不同的使用价值，需要采取不同的具体劳动。

3. 价值与抽象的人类劳动 如果把生产活动的特定性质撇开，从而把劳动的有用性撇开，生产活动就是人类劳动力的耗费，也就是人的脑、肌肉、神经、手等的生产耗费。这种人类劳动的耗费形成价值。就价值来说，有意义的只是商品中包含的劳动的量。

4. 商品二因素与劳动二重性关系 有用的具体劳动和抽象的人类劳动是同一劳动的两个方面。一切劳动，从一方面看，是人类劳动力在生理学意义上的耗费；作为相同的或抽象的人类劳动，它形成价值。一切劳动，从另一方面看，是人类劳动力在特殊的有一定目的的形式上的耗费；作为具体的有用劳动，它生产使用价值。

"价值形式或交换价值" 表解①

名称		主　要　内　容
目的和对象	对象	本节的研究对象：价值形式。价值是看不见摸不着的，它的现实存在只能在商品同商品的社会交换关系中表示出来。
	目的	研究价值形式的目的是为了阐明货币的起源和本质。
简单的个别的或偶然的价值形式　二十码麻布＝一件上衣	概述	最简单的价值关系就是一个商品同另一个不同种的商品的价值关系。因此，两个商品的价值关系为一个商品提供了最简单的价值表现形式。这种简单的价值表现形式，是在原始社会末期公社之间偶然发生的剩余产品相互交换中表现的。
	重要性	从简单的价值形式到扩大的价值形式，再到一般的价值形式和货币形式，一切价值的秘密都隐藏在这个价值形式中。因此，分析这个形式很重要，也很困难。
	两极的地位作用和联系	1. 价值形式的两极处于不同的地位，起着不同的作用。麻布把它的价值表现在上衣上，而上衣则成为麻布价值的表现材料；麻布起主动作用，上衣起被动作用。麻布把自身的价值相对的表现在上衣上，处于相对价值形式地位；上衣则成为麻布的等价物，处于等价形式的地位。 2. 相对价值形式和等价形式是对立统一的。在每一个价值形式中，每一极的存在都以另一极的存在为条件，失去一方，另一方就不会存在。两极之间又是互相对立，互相排斥的。在同一个价值形式中，同一个商品不能同时具有两种形式。 3. 一个商品究竟是处于相对价值形式，还是处于等价形式，取决于它是价值表现，还是表现价值。前者处于相对价值形式，后者处于等价形式。

---

① 本表的依据是《资本论》第一卷 第一篇 第一章 价值形式或交换价值一节。详见《资本论》第一卷第 61 页到第 87 页。

百图解读《资本论》 >>>

续表

名称		主 要 内 容
相对价值形式	质的规定性	1. 首先，撇开这个价值关系的量的方面来考察它的质的规定性。因为只有性质相同，单位名称相同的东西，才能互相比较。 2. 这两个被看作质上相同的商品所起的作用是不同的，麻布的价值在上衣上得到了体现，上衣是价值的表现形式。 3. 商品价值的性质通过交换显露出来。前面的分析，我们只知道商品的价值是人类劳动的凝结，但这种凝结的人类劳动是怎样表现出来的呢？是通过两种商品的交换关系显露出来的。 4. 上衣之所以能表现麻布的价值，是因为它本身有价值。没有价值的东西是无法表现别的商品的价值的。 5. 处于等价形式的商品，它是用自己的可以捉摸的自然形式表现别的商品的价值的。它不是表现自己的价值，它只是充当价值的物质承担者，充当价值形式。 6. 一种商品的价值，在另一种商品的使用价值上表现出来，就具有相对价值形式。
	量的规定性	1. 价值形式不仅表现价值，而且表现价值量。 2. 20 码麻布 = 1 件上衣，这个等式说明二者的价值量是相等的，但是生产商品的社会必要劳动时间是随着劳动生产力的变化而变化的，这种变化有以下几条规律： 第一，麻布的价值起了变化，而上衣的价值不变。那么由上衣的使用价值量所表现的麻布的价值量，随着麻布的价值的增减而增减，成正比例变化。 第二，麻布的价值不变，上衣的价值起了变化。那么由上衣的使用价值量所表现的麻布的价值量，随着上衣的价值的增减成反比例变化。 第三，麻布和上衣的价值，按照同一方向和同一比例同时发生变化，上衣所表现的麻布的价值量保持不变，仍旧是 20 码麻布 = 1 件上衣。 第四，麻布和上衣的价值，可以按照同一方向，但以不同的程度同时发生变化，或者按照相反的方向发生变化，这种情况对一种商品价值量的相对表现的影响，可以根据上述的三种情况推知。 3. 由于价值量的相对表现决定于两极相交换的商品的价值量，因此，一个商品价值量的实际变化，不能明确地，也不能完全地反映在价值量的相对表现上。

30

名称	主 要 内 容
等价形式	1. 等价形式的性质：麻布通过上衣表现自己的价值时，麻布就使上衣取得等价形式。一个商品具有等价形式，就是它具有能与另一个商品直接交换的形式。它只表现另一种商品的价值量，并不表现自己的价值量。 2. 等价形式的三个特点： 第一，使用价值成为它的对立面即价值的表现形式。在麻布和上衣的价值关系中，上衣作为使用价值，成为麻布价值的表现形式。 第二，具体劳动成为它的对立面即抽象劳动的表现形式。在麻布和上衣的价值关系中，表现麻布价值的上衣是作为缝衣这种具体劳动的产品出现的，而麻布的价值则是作为抽象劳动的凝结物被表现的。在这里，缝上衣的具体劳动，成了形成麻布价值的抽象劳动的表现形式。 第三，私人劳动成为它的对立面即社会劳动的表现形式。在麻布和上衣的价值关系中，上衣处于等价形式上，具有能够直接同别种商品相交换的形式。因此，生产这种上衣的私人劳动，就作为直接的社会劳动来发生作用。 3. 亚里士多德对价值形式的分析：他看到了商品的货币形式不过是简单价值形式进一步发展的形式，看到了两种感觉上不同的物，如果没有实质上的共同性，就不能通约，不能交换。亚里士多德处在奴隶社会，因此不可能发现这种共同的东西是什么。

名称	主 要 内 容
简单价值形式的总体	1. 一个商品的简单价值形式包含在这个商品对别种商品的价值关系或交换关系中。一个商品的价值只有通过它与别种商品的交换，才能表现出来。没有交换关系，价值就无法表现。 2. 商品的价值形式或价值表现是由商品价值的本质产生的，而不是相反。资产阶级经济学家认为，价值和价值量是由它的作为交换价值的表现方式产生的，这完全是一种错觉。 3. 在价值形式中，潜藏在商品内部的使用价值和价值的矛盾，表现为两种商品的对立，价值要表现的那种商品，只是直接地当作使用价值，而表现包含价值的商品只是直接当作交换价值。所以一个商品的简单的价值形式，就是该商品中所包含的使用价值与价值的对立的简单表现形式。 4. 商品的简单价值形式，同时又是劳动产品的简单商品形式。因为，只有生产产品的劳动表现为该产品的价值的时候，劳动产品才能转化为商品，因此商品形式的发展是同价值形式的发展相一致的。 5. 简单价值形式是一种胚胎形式，它的价值表现是不充分的。只有通过一系列的价值变化，才能成熟为价值形式。 第一，简单价值形式只是个别的偶然的一种商品同另一种商品发生交换关系，并不表现一种商品同其他一切商品的质的等同和量的比例。 第二，在简单价值形式中，表现价值的商品，只对一种商品来说，具有等价形式。随着商品交换的发展，这种价值形式的个别性、偶然性会过渡到更完全的形式。

名　称	主　要　内　容
总和的扩大的价值形式 二十码麻布 ＝二盎司金 ＝一件上衣 ＝十磅茶叶 ＝其他	**扩大的相对价值形式** 　　1. 从价值的性质上看，一种商品例如麻布，它的价值可以表现在一系列商品上，每一种其他的商品体都成为反映麻布价值的镜子。这样，这个商品——麻布——的价值本身才真正表现为无差别的人类劳动的凝结。因为形成这个价值的劳动，现在十分清楚地表现为同等的共同的人类劳动。因此，现在麻布不是只同一种商品发生社会关系，而是同整个商品世界发生关系，麻布只是这个世界的一个"公民"。 　　2. 从价值的量上看，同简单的价值形式相比，现在两种商品交换的比例已不再是偶然的事情，一种商品的价值量可以表现在其他一系列商品上。它可以和任何一种商品相交换相等同。这说明不是交换调节商品的价值量，而是价值量调节商品的交换比例。
	特殊的等价形式 　　1. 在简单价值形式中，等价形式是个别的，现在变成了特殊的，但还不是一般的。 　　2. 处于等价形式的商品不是一种而是一系列，即许多特殊的等价形式相并列。 　　3. 处于等价形式的种种不同商品，都以各自包含的具体劳动作为抽象劳动的特殊的表现形式。

名称		主　要　内　容
总和的扩大的价值形式的缺点	扩大的相对价值形式	1. 商品的相对价值表现是未完成的，因此它的表现系列永无止境，社会上每出现一种商品，都可以作为等价物，使原来的价值表现系列延长。 2. 相对价值表现的系列是彼此无关的种种不同的商品。 3. 每一种商品都有自己的价值表现系列。各种商品价值的表现既是无穷无尽的，又是各不相同的。
	等价形式	1. 在作为等价物的一系列商品中，每一种商品都是一种特殊的等价形式，每一个都排斥另一个。 2. 作为价值的表现或抽象劳动的表现，还没有获得统一的表现形式。
	过渡	扩大的价值形式是由简单价值形式发展而来的，随着商品交换的发展，他本身的缺点限制交换的发展，交换的发展要求一种新的价值形式出现。

名称			主　要　内　容
一般价值形式 二盎司金＝ 四十磅咖啡＝ 十磅茶叶＝ 一件上衣＝ 二十磅麻布	价值形式变化了的性质	相对价值形式的变化	1. 现在，商品价值的表现是简单的统一的，因而是一般的。这同前两种形式发生了很大的变化。 2. 从简单的价值形式看，它是在最初交换阶段出现的，也就是说，是在劳动产品通过偶然的，间或地交换而转为商品的阶段出现的。 3. 从扩大形式看，事实上是某种劳动产品例如牲畜，不再是偶然地而已经是经常地同其他不同的商品交换的时候出现的。 4. 从一般价值形式看，商品世界的价值表现在商品世界中分离出一种商品。这是大量的产品为交换而生产，因此，只有这种形式才真正使商品作为价值互相发生关系。 5. 一般价值形式的出现是商品世界共同活动的结果。价值形式采取了社会公认的形式。处于相对价值形式上的各种商品，由于都是通过同一种商品来反映自己的价值和价值量的，所以，这些商品之间也就可以互相比较。
		等价形式的变化	1. 处于等价形式上的商品的自然形式即使用价值形式，成为商品世界的共同的价值表现形式。 2. 作为等价形式上的商品，其生产时的私人劳动处于一般社会形式，处于与其他一切劳动等同的形式。 3. 作为等价形式上的商品，其生产时的具体劳动，成为商品世界的抽象劳动的表现形式。
		小结	一般价值形式，把劳动产品表现为只是无差别人类劳动的凝结物，成为商品世界的社会表现。它清楚地告诉我们，在商品生产条件下，生产商品的劳动作为抽象的一般人类劳动形成商品的价值。

名称		主　要　内　容
价值形式两极的发展关系		1. 等价交换的发展程度是同相对价值形式的发展程度相适应的。前者的发展只是后者发展的表现和结果。 简单的相对价值形式使另一种商品成为个别的等价物。 扩大的相对价值形式使其他一切商品成为特殊的等价物。 一般的相对价值形式使一种商品成为一般的等价物。 2. 价值形式发展到什么程度，它的两极之间的对立也发展到什么程度 在简单的价值形式中，这种对立没有固定下来。 在扩大的价值形式中，两极对立趋向固定。 在一般的价值形式中，两极的对立固定下来了。
	过渡	1. 在一般价值形式中，充当一般等价形式的商品还不固定。 2. 当一般等价形式被一种商品独占时，一般价值形式就过渡到货币形式。
货币形式 一件上衣＝二十码麻布＝十磅茶叶＝｝二盎司金	货币是价值形式发展的结果	1. 从简单的价值形式过渡到扩大的价值形式，从扩大的价值形式过渡到一般的价值形式，都发生了本质的变化。只有从一般的价值形式过渡到货币形式例外，它只是由金银代替了一般等价物。 2. 金之所以能作为货币与其他商品对立，是因为它早就作为商品与它们相对立。金是在商品交换的漫长岁月里，逐渐替代其他商品，而固定地充当了一般等价物。当它在商品世界的价值表现中，独占了这个地位，它就成了货币商品。 3. 用货币来表现商品的价值，就使价值的相对表现获得价格形式。价格是价值的货币表现。 4. 货币形式是由一般价值形式发展而来的；一般价值形式是由扩大的价值形式发展而来的；扩大的价值形式是由简单的价值形式发展而来的。因此，简单的价值形式是货币形式的胚胎，货币形式是价值形式发展的必然结果。

商品拜物教内在联系图①

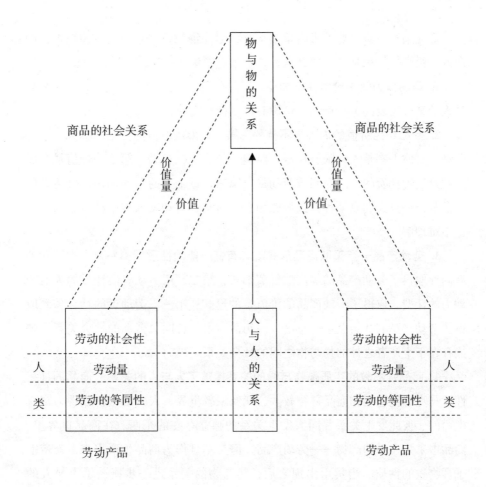

---

① "商品拜物教内在联系图"是根据马克思的商品拜物教理论绘制的，详见《资本论》第一卷 第一章 商品拜物教性质及其秘密。

"商品拜物教内在联系图" 解读

商品最初一看，好像很简单很平凡，但仔细分析，它却是一种很古怪的东西，很微妙、很神奇。那么这种神秘来自哪里？

1. 商品作为使用价值并不神秘　商品就它是使用价值来说，它是用来满足人的某种需要的劳动产品，这没有什么神秘的地方。

2. 商品作为价值的内容也不神秘　第一，形成价值的劳动即抽象的人类劳动，实质上都是人的脑、神经、肌肉、感官等的耗费。第二，价值量实质上就是这种耗费的持续时间或劳动量。第三，每个人的劳动都是社会劳动的一部分，一旦人们以某种方式彼此为对方劳动，劳动就取得了社会形式，这也不难理解。

3. 劳动产品一旦采取商品形式就具有谜一般的性质　第一，人类劳动的等同性取得了劳动产品的等同的价值形式；第二，用劳动时间计量的人类劳动力的耗费，取得了劳动产品的价值量的形式；第三，劳动者的社会关系取得了劳动产品的社会关系。总之，一句话：生产者同总劳动的社会关系反映成存在于生产者之外的物与物之间的社会关系。

4. 商品拜物教的实质是物与物的关系掩盖了人与人的关系　商品的神秘性，马克思把它叫作商品拜物教。这就像宗教世界，人脑的产物表现为富有生命的、彼此发生关系并同人发生关系的独立存在的东西。在商品世界里，商品本来是人手的产物——劳动产品，但是一旦作为商品生产出来，就带上了拜物教的性质。当货币出现之后，物与物的关系进一步掩盖了人与人的关系。

5. 商品拜物教是一种幻觉　第一，私人劳动的社会性质必须通过物的交换来表现；第二，私人劳动的二重性采取了使用价值和价值的形式；第三，价值量运动规律的客观强制力，造成了物的运动支配人的幻觉。

6. 商品拜物教是商品生产社会形式中特有的现象 马克思指出，一旦我们逃到其他的生产形式中去，商品世界的全部神秘性，在商品生产的基础上笼罩着劳动产品的一切"魔法妖术"，就立刻消失了。在孤岛上生活的鲁滨孙，它的个人劳动和物的关系十分简单。在封建社会人们在劳动中的关系直接表现为人身依附关系。在农村家长制生产中，劳动具有直接的社会性。在自由人联合体，个人劳动和产品的社会关系极其简单明了。商品拜物教只有当社会生活过程即物质生产过程的形态，作为自由结合的人的产物，处于人的有意识有计划的控制之下的时候，它才会把自己神秘的纱幕揭掉。但是，这需要有一定的社会物质基础或一系列物质生存条件，而这个条件本身又是长期的、痛苦的历史发展的自然产物。

商品交换过程图①

权利关系或意志关系

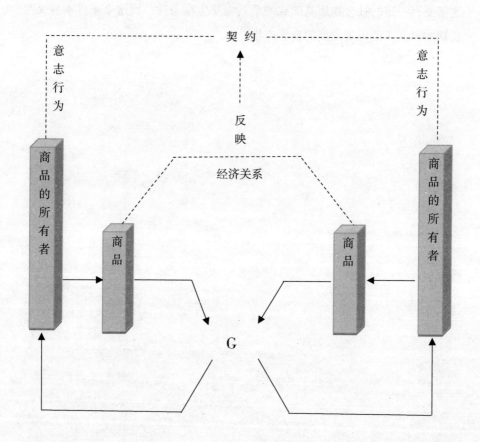

---

① "商品交换过程图"是依据《资本论》第一卷 第二章"交换过程"描绘的。

"商品交换过程图"解读

1. 交换关系是一种反映经济关系的意志关系 商品是物，不能自己到市场去，不能自己去交换。必须通过它的监护人——商品所有者，把它带到市场去。一方只有符合另一方的意志，才能让渡自己的商品，占有别人的商品。必须彼此承认对方是私有者。由此可见，交换关系是一种由经济关系决定的具有契约形式的法权关系或意志关系。人们扮演的经济角色不过是经济关系的人格化。

2. 商品使用价值和价值的分离 商品对所有者来说没有使用价值，只有价值；对非所有者来说只有使用价值，没有价值。商品所有者的商品对于他来说没有直接的使用价值，而对别人有使用价值。商品所有者通过交换，让渡使用价值得到价值。商品在能够作为使用价值实现以前，必须先作为价值来实现。使用价值和价值的矛盾只有经过交换才能得最终解决。

3. 交换过程既是个人过程，又是一般社会过程 每一个商品所有者都想让渡自己的商品，来换回自己需要的商品。就这一点来说，交换对于他只是个人的过程。但是，这个过程同时是价值实现的过程，是他的劳动能不能得到社会承认的过程，因此，交换对于他来说，也是一般社会过程。

4. 交换的发展过程同时也是货币的形成过程 商品交换最初是在共同体的尽头，也就是部落与部落交界的地方开始的。一开始参与交换的商品基本上是剩余产品，交换的量是很少的，比例也是偶然的。随着时间的推移，至少有一部分劳动产品是为交换而生产的。从那时起，劳动者的产品分成两个部分：一部分物品满足自己的直接需要，另一部分用来交换。同时，商品相交换的量的比例也慢慢的由习惯形成并逐渐固定下来。随着商品数量和种类的增多，客观上需要一种商品充当等价物，这种充当一般等价物的商品一旦固定在某种特定的商品——金银上，货币就诞生了。货币结晶是交换过程的必然产物。

5. 金银天然不是货币，但货币天然是金银 货币是固定的充当一般等价物的商品。金银之所以能担任货币的职能，一是劳动产品，有价值；二是质地均匀，易分割；三是形态稳定，不腐烂。金银在商品交换历史上，曾经是作为一般商品出现的，没有什么特别之处。只是无数次的交换选择了它充当一般等价物，同时它的材质适合充当货币。所以说"金银天然不是货币，但货币天然是金银"。

货币职能结构图①

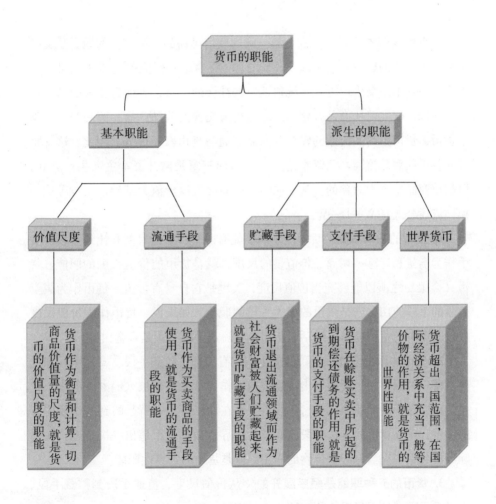

货币的职能

基本职能 ｜ 派生的职能

价值尺度 ｜ 流通手段 ｜ 贮藏手段 ｜ 支付手段 ｜ 世界货币

货币作为衡量和计算一切商品价值量的尺度，就是货币的价值尺度的职能

货币作为买卖商品的手段使用，就是货币的流通手段的职能

货币退出流通领域而作为社会财富被人们贮藏起来，就是货币贮藏手段的职能

货币在赊账买卖中所起的到期偿还债务的作用，就是货币的支付手段的职能

货币超出一国范围，在国际经济关系中充当一般等价物的作用，就是货币的世界性职能

---

① "货币职能结构图"依据是《资本论》第一卷 第三章"货币或商品流通"。

"货币职能结构图"解读

马克思《资本论》第一卷、第一章的题目是商品，第二章的题目是交换过程，第三章的题目是货币或商品流通。《资本论》研究的是资本主义生产方式，而资本主义生产方式占统治地位的社会的财富，表现为庞大的商品堆积。所以，研究就从商品开始。商品是用来交换的劳动产品，商品交换产生了货币，货币是商品流通的媒介，商品流通与货币密不可分。因此，这一章就叫货币或商品流通。《资本论》第一卷前三章是撇开资本主义生产方式，以简单商品生产为对象的。基本原则是商品交换以价值为基础，实行等价交换。流通公式是 W—G—W。

1. 货币的基本职能　货币的基本职能有两个：价值尺度和流通手段。货币作为衡量和计算一切商品价值量的尺度，就是货币的价值尺度的职能。货币（金银）之所以能够充当价值尺度，关键是它自身有价值。货币作为买卖商品的手段使用，就是货币的流通手段的职能。如果说，货币作为价值尺度仅仅有观念的货币就可以的话，货币作为流通手段必须是真金白银。

2. 货币的派生职能　货币的派生职能有三个：贮藏手段、支付手段和世界货币。贮藏手段：货币退出流通领域而作为社会财富被人们贮藏起来，就是货币贮藏手段的职能。支付手段：货币在赊账买卖中所起的到期偿还债务的作用，就是货币的支付手段的职能。世界货币：货币超出一国范围，在国际经济关系中充当一般等价物的作用，就是货币的世界性职能。

3. 货币的五种职能是顺序展开的　从价值尺度、流通手段到贮藏手段、支付手段再到世界货币，体现了历史与逻辑的统一。

货币的价值尺度职能图①

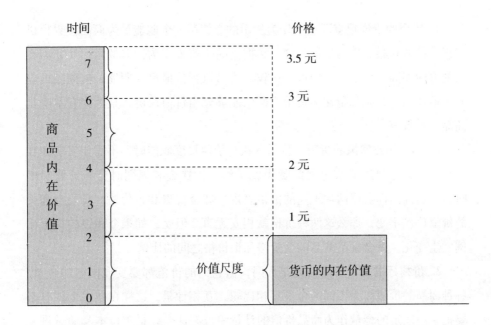

"货币的价值尺度职能图"解读

1. 货币的价值尺度职能 作为货币的金银第一个职能是为商品世界提供表现价值的材料。作为价值尺度，它把商品价值表现为同名的量，使它们在质的方面相同，在量的方面可以比较。货币执行价值尺度职能，使商品内在的价值得以外在化和量化。货币之所以能够充当价值尺度，是因为它本身是商品，有价值。

2. 观念的或想象的货币 货币在执行价值尺度职能时，不需要实实在在的货币，只是观念的或想象的货币就足够了。在金和银同时充当价值尺度时，一切商品都会以两种不同的价格表现，即金价格和银价格。只要金和银的价值比例不变，那么这两种价格就相安无事。但是，如果金和银的价值比例发生变化，就会扰乱商品的金价格和银价格之间的比例。

3. 价格标准 尽管商品五花八门，但它们的价值都要变成同名的金量。各种商品的价值作为不同的金量互相比较，互相计量，这样在技术上就有必要把某一固定的金量作为商品价值的计量单位。这个计量单位本身通过进一步分成等分而发展成为标准。如，一钱金、一两银；一两可以分为十钱，一钱可以分为十分。货币作为规定的金属重量，就是价格标准。货币作为价格标准与价值尺度是不一样的。作为人类劳动的社会化身，它是价值尺度。作为价值尺度，它用来使形形色色的商品的价值变为价格，变为想象的金量。作为价格标准，它计量的是这些金量，是用一个金量计量各种不同的金量，而不是用一个金量的重量计量另一个金量的价值。金的价值变动不会影响金执行价格标准职能。不论金的价值怎样变动，不同的金量之间的比例总是不变的。如，一两银总是二钱银的五倍。金的价值变动也不会妨碍金执行价值尺度的职能。因为这种变动会同时影响一切商品。

4. 价格高低是由多种因素决定的 （1）价格提高：可能是由于货币价

值不变，商品价值提高引起的；也可能是由于商品价值不变，货币价值降低引起。（2）价格降低：可能是由于货币价值不变，商品价值降低引起的；也可能是由于商品价值不变，货币价值提高引起的。因此，决不能得出结论说，货币价值提高，商品价格必定相应降低；货币价值降低，商品价值必定相应提高。

5. 金属重量的货币名称同它原来的重量名称逐渐分离　原因有三个：（1）外国货币流入较不发达的地区，与本地的重量名称不同；（2）随着财富的增长，不大贵重的金属被比较贵重的金属所排挤，如铜被银排挤，银被金排挤；（3）几百年来一些君主伪造货币，使得铸币原来的重量实际上只剩下一个名称。

6. 价格与价值量偏离　价格是价值的货币表现，但这并不是说，价格必须始终与价值量完全一致。价格与价值量一致是理论抽象或偶然现象，价格偏离价值量才是商品经济的常态。价格不仅可能引起价值量与价格之间的量的不一致，而且价格可以完全不是价值的表现，没有价值的东西在形式上可以具有价格。

货币的流通手段职能图①

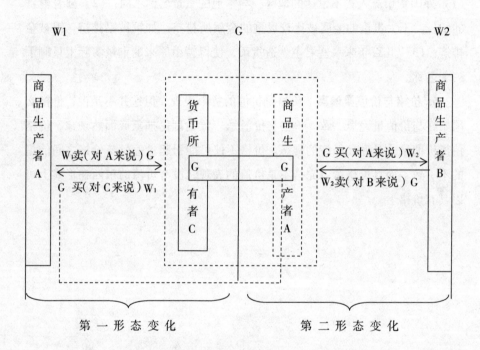

---

① "货币的流通手段职能图"的依据是《资本论》第一卷 第一篇 第三章 第 2 节"流通手段"。（a）商品的形态变化；（b）货币的流通；（c）铸币；价值符号。详见《资本论》第一卷第 122—149 页。

"货币的流通手段职能图"解读

1. 商品的形态变化 商品交换过程是在两个相互对立、相互补充的形态变化中完成的：即商品转化为货币，又从货币转化为商品。公式：W（商品）—G（货币）—W（商品）。

第一形态变化：W（商品）—G（货币）商品价值从商品体跳到金体上，是商品的惊险跳跃。这个跳跃如果不成功，摔坏的不是商品，而是商品所有者。商品转换为货币，同时就是货币转化为商品。从商品所有者这一极看，是卖；从货币所有者这一极看，是买。

第二形态变化：G（货币）—W（商品），即买，同时也是卖，即W（商品）—G（货币）。因此，一个商品后一形态变化，同时就是另一商品的前一形态变化。

商品的总形态变化：一个商品的总形态变化，在其最简单的形式上，包含四个极和三个登场人物。最先，是商品W1与货币C的对立，即商品所有者A和货币所有者C构成买卖关系。然后是货币C与商品W2的对立，即货币所有者C与商品所有者B构成的买卖关系。四极是W（商品）—G（货币）与G（货币）—W（商品）。三个登场人物：商品所有者A、货币所有者C、商品所有者B。

2. 货币流通与商品流通 在商品流通过程中，货币不断地离开起点，从一个商品所有者手里转到另一个商品所有者手里，这就是货币流通。从表面上看好像是货币在流通，但实际上货币的流通是由商品流通引起的。所以，马克思指出，货币运动的单方面形式来源于商品运动的两方面形式。商品与货币交换之后，便离开流通领域进入消费领域，而货币始终处于流通领域。这就给人产生一种错觉：不是商品流通带动货币流通，而是货币流通带动商品流通。

3. 货币作为流通手段需要实实在在的货币　货币在执行流通手段职能之前，商品在自己的价格上已经等于一定的想象的货币量。货币在执行流通手段时，不过是把已经在商品价格总额中观念地表现出来的金额实在地表现出来。

4. 流通中所需要的货币量　流通中所需要的货币量取决于待实现的商品价格总额。就是说，待实现的商品价格总额越大，流通中所需要的货币就越多，否则，相反。如果每一种商品的价格是既定的，那么，商品价格总额就取决于流通中的商品量。商品量越大，价格总额就越大，否则，相反。

执行流通手段职能的货币量 = 商品价格总额/同名货币的流通速度。流通手段量，一方面决定于商品价格总额；另一方面取决于货币的流通速度。在货币流通速度既定的情况下，商品价格总额越大，流通中所需要的流通手段就越多，否则，相反。在商品价格总额既定的情况下，货币的流通次数增加，流通的货币量就减少，货币的流通次数减少，货币量就增加。货币流通速度的快慢，反映的是商品买卖——物质变换的快慢。货币流通迅速，说明卖和买两个过程的流水般的统一。货币流通的缓慢，表明这两个过程分离成彼此对立的两个独立阶段，表现形式变换及物质变换的停滞。

5. 铸币　铸币是货币的流通手段职能中产生的货币形式。铸造硬币是国家的事，各国有各国的铸币，因此，马克思认为金银作为铸币穿着不同的国家制服。但是，在世界市场上，货币脱掉了民族制服，表现为赤裸裸的金银条块。金币与金块本来只是形式的差别，但是，金币在流通中受到磨损，金的名义含量和金的实际含量逐渐分离。既然不足值的金币可以代表足值的金块，在流通中充当货币，这就产生了一种可能：可以用其他材料做的记号或用象征来代替金属货币执行铸币的职能，于是就出现了纸币。

6. 纸币　纸币是国家强制推行的标明一定额度的替代铸币的流通手段。纸币是直接从金属货币流通中产生的。（信用货币的自然根源是货币作为支付手的职能）纸币的发行限于它象征地代表的金（或银）的实际流通的数量。如果纸币超过了自己的限度，即超过了能够流通的同名的金币量，就容易引起纸币的贬值，从而出现通货膨胀。

货币的储藏手段职能图①

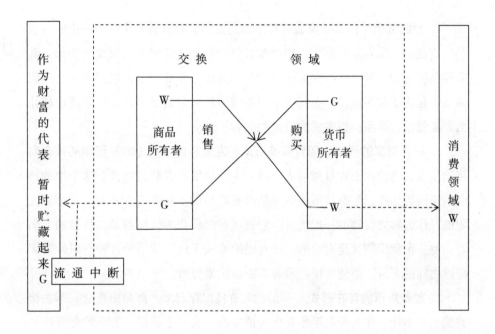

---

① "货币的储藏手段职能图"依据是《资本论》第一卷 第一篇 第三章 第 3 节 货币，(a) 货币贮藏，详见《资本论》第一卷第 150－154 页。

"货币的储藏手段职能图" 解读

1. 贮藏货币   在商品流通过程中,只要商品的形态变化系列一中断,商品出售之后,没有进行购买,货币就会停止流动,这时铸币就变为货币。随着商品流通的发展,人们保留金银货币的必要性和欲望也发展起来了。出售商品不是为了购买商品,而是为了用货币形式代替商品形式。于是货币硬化为贮藏货币,商品出售者成为货币贮藏者。

2. 社会财富的代表   随着商品流通的发展,货币作为随时可用的社会财富的代表,它的权力也日益增大,每一个商品生产者都必须握有这个物的神经。正因为如此,贮藏货币的欲望是没有止境的。从质的方面看,货币是无限的;作为物质财富的一般代表,它直接可以转化为任何商品。从量的方面看,每一个货币额又是有限的,即有限的购买手段。货币的这种有限性和无限性之间的矛盾,迫使货币贮藏者不断地积累劳动。

3. 贮藏货币的存在形式   一是把金直接保存起来。商品出售后,不去接着购买,不让它作为购买手段转化为消费品。为了金偶像,货币贮藏者往往牺牲自己的肉体享受,而是把金银贮藏起来。为了积累更多的财富,人们尽可能地多生产,因为生产地越多,卖的就越多,卖地越多从流通中取回的货币就越多。二是以金银制品的形式保存起来。贮藏货币,一方面形成一个金银市场,即退出流通领域后,作为一种特殊商品在市场上流动。另一方面形成一个货币蓄水池,作为流通领域的后备货币,随时流入流出。在金属货币条件下,为了保障商品流通和货币流通顺利进行,一个国家现有的金银量必须大于执行铸币职能的金银量。

货币的支付手段职能图①

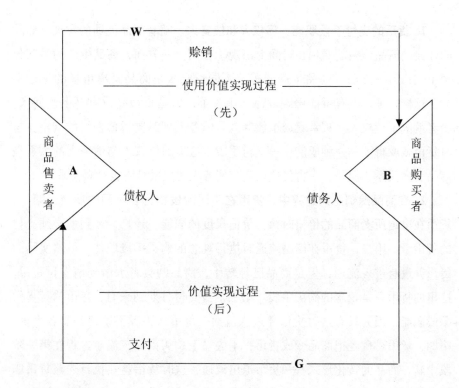

---

① "货币的支付手段职能图"依据是《资本论》第一卷 第一篇 第三章 第 3 节 货币，（b）支付手段。详见《资本论》第一卷第155—162 页。

"货币的支付手段职能图"解读

1. 货币的支付手段职能：债权人和债务人 随着商品流通的发展，商品的让渡同商品价格的实现在时间上出现了分离。一方面，商品生产的时间长短不同；另一方面，商品生产的季节不同；要么是商品距离市场的远近不同。这样一来，就有可能出现商品卖出去了，但是货币并没有马上收回来。卖者就成了债权人，买者就成了债务人。债务人到时支付债权人的货币，这时货币就取得了另一种职能——支付手段。这里的债权人与债务人的关系是商品交换关系。但是，在古代债权人与债务人的关系是阶级对立关系。

2. 在商品赊销赊购过程中，货币在不同阶段执行着不同的职能 第一，货币在决定所卖商品的价格时执行价值尺度的职能。计量买者到期必须支付的货币量。第二，货币在商品流通时执行观念的购买手段职能。虽然实际的货币并没有进入流通，但是商品已经转手，商品购买者承诺到期支付货币。这里的货币只是观念的购买手段。第三，当支付日期到来时，货币执行支付手段职能，因为只有这时货币才进入流通，货币从买者手里转到卖者手里。第四，货币贮藏者把商品变成货币，不去马上购买商品，流通过程在第一阶段中断，商品的转化形式——货币退出流通，这时货币就在执行贮藏货币职能。其目的是为了通过货币来满足某种需要，是为了以货币形式保存商品。

3. 货币危机 货币执行支付手段时，作为买者，在把商品变成货币之前，已经把货币再转化为商品，即先完成商品的第二形态变化 G—W，后完成商品的第一形态变化 W—G。作为卖者，虽然商品已经卖出去了，但是并没有得到货币，只是得到一个到时取得追债的权利，因此在商品没有转化为货币之前，使用价值就已经实现了。在支付手段条件下，货币在各种支付手段互相抵消时，只是观念上的价值尺度或计算货币，不需要现实的货币，但是在实际支付时，人们要的是实在的货币。这就包含着产生货币危机的可能性。在支付手段充分发挥作用的地方，一旦支付链条发生故障，就会引起连锁反应，造成整个信用的崩溃，爆发货币危机。

4. 流通中需要的货币量　货币的支付手段出现后，流通中需要的货币量＝待实现的商品价格总额＋到期的支付总额－彼此抵消的支付－同一货币的流通次数。

5. 信用货币　信用货币是直接从货币作为支付手段的职能中产生的。一方面，出售商品不需要直接支付现款，采取信用货币即可，信用货币也会因债权的转移而流通；另一方面，随着信用事业的扩大，货币作为支付手段的职能也在扩大。作为支付手段的货币取得了它特有的存在形式，如支票、汇票等。这些形式占据了大规模交易的领域，而金银铸币则被挤到了小额交易的领域。由于充当支付手段的货币的发展，就必须积累货币，以便到期偿还债务。随着资产阶级社会的发展，作为独立的致富形式的货币贮藏消失了，而作为支付手段准备金的形式的货币贮藏却增长了。

世界货币职能图[①]

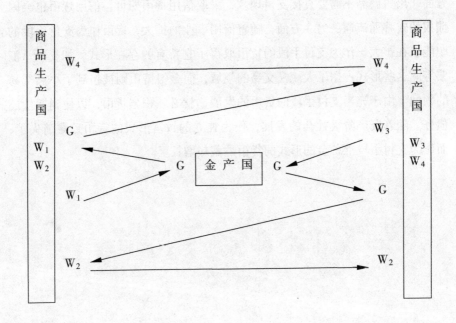

---

① "世界货币职能图"是依据《资本论》第一卷 第一篇 第三章 第3节 货币。(c)世界货币绘制的。详见《资本论》第一卷第163—166页。

"世界货币职能图" 解读

1. 世界货币必须是贵金属块的形式　货币一旦超出国界，就失去了地方形式，价格标准、铸币、辅币和价值符号全部又恢复到原来的贵金属块的形式。货币的存在形式与货币的概念相适合了。

2. 在世界市场上，占统治地位的是双重价值尺度　如果说，在国内流通领域，只能有一种商品充当价值尺度，从而充当货币。那么，在世界市场上，占统治地位的是双重价值尺度：金和银。

3. 世界货币有三种职能：一般支付手段、一般购买手段和一般财富的绝对社会化身　其中，最主要的职能，是作为支付手段平衡国际贸易差额。金银充当国际购买手段，主要是在各国间通常的物质变换的平衡突然遭到破坏的时候。金银充当财富的绝对社会化身，是要把财富从一个国家转移到另外一个国家。金银的流动，一方面从产地分散到整个世界市场用以补偿磨损了的金银铸币，供给奢侈品的材料，并且凝固为贮藏货币。另一方面，金银又不断往返于不同国家的流通领域之间，随着汇率的变动而不断流动。

4. 准备金　发达国家实行银行最低准备金率，而这个准备不宜过多，如果超过必须地最低限度，那就表明商品流通停滞了，或者商品形态变化的流动中断了。

"货币流通量规律" 表解①

		公式
一般情况		一定时间内流通中所需的货币量 $=\dfrac{\text{商品的价格总额（G）}}{\text{同名货币的平均流速（n）}}$
特殊情况	贮藏手段出现后	一个国家的现有的货币量 > 执行铸币职能的金银量
	支付手段出现后	一定时期内流通中所需的货币量 $=\dfrac{\text{销售商品的价格总额}-\text{赊销商品的价格总额}+\text{到期支付的总额}-\text{彼此抵消的支付总额}}{\text{同一单位货币的平均流通速度（次数）}}$
纸币流通规律		纸币的发行量 = 它象征地代表的金（或银）的实际流通的数量

---

① 本表是依据《资本论》第一卷 第一篇 第三章 第2节 流通手段中 (b) 货币的流通的内容整理的。详见《资本论》第134－143 页。

58

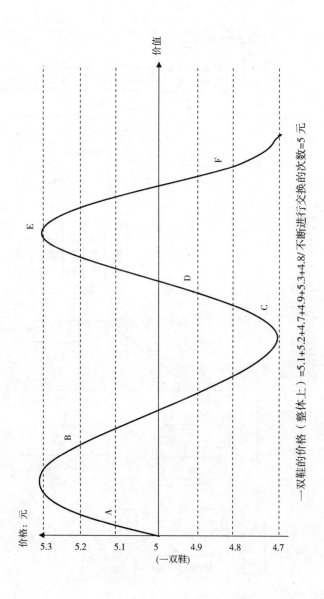

价值规律曲线

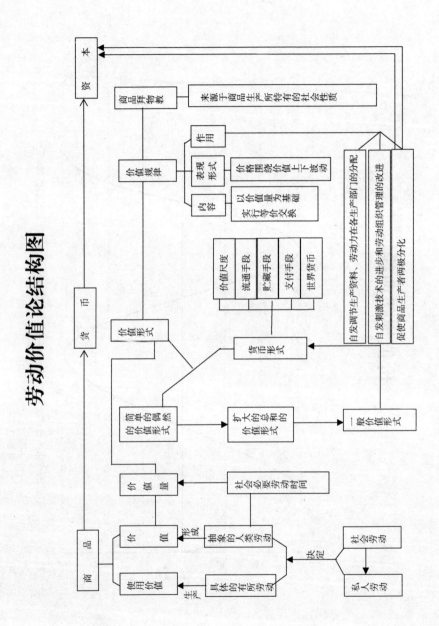

劳动价值论结构图

"劳动价值论结构图" 解读

马克思劳动价值论是马克思主义政治经济学的基石，马克思劳动价值论是一个严谨的科学理论体系。这一理论包括商品的二因素和生产商品的劳动二重性、价值量和价值规律、价值形式的发展和货币的起源、商品经济的基本矛盾和基本规律，以及商品拜物教思想。基本思路：从商品概念入手，沿着商品——货币——资本的思路展开。商品和货币理论是为资本和剩余价值理论服务的。进一步讲，劳动价值论是沿着价值——价值量——价值形式——价值规律展开的。

1. 商品——用来交换的劳动产品 商品的二因素：使用价值和价值。劳动的二重性：具体的有用劳动和抽象的人类劳动。具体的有用劳动生产使用价值，抽象的人类劳动形成价值。简单商品生产的基本矛盾：私人劳动和社会劳动，以及简单劳动和复杂劳动。复杂劳动等于多倍的简单劳动。价值量由社会必要劳动时间决定。劳动生产率与使用价值成正经，与价值成反比。

2. 货币——价值形式发展的结晶 简单的偶然的价值形式——扩大的总和的价值形式——一般价值形式——货币。货币的职能：价值尺度、流通手段、贮藏货币、支付手段和世界货币。

3. 资本——价值规律作用的结果 价值规律的内容：以价值为基础，实行等价交换。价值规律的表现形式：价格围绕价值上下波动。价值规律的作用：（1）自觉调节生产资料和劳动力在各生产部门的分配；（2）自发刺激技术的进步和劳动组织管理的改进；（3）促使商品生产者两极分化。劳动力成为商品，货币转化为资本。

"作为货币的货币和作为资本的货币之间的区别" 表解①

	商品流通中的货币	资本流通中的货币
公式	商品—货币—商品 （W—G—W）	货币—商品—货币 （G—W—G'）
共同点	1. 买和卖两个对立阶段。 2. 每个阶段上都是商品和货币，买者和卖者对立。 3. 三个当事人。买者、卖者，既买又卖者。	同左
形式上的区别	1. W—G—W，从卖开始，以买结束，运动起点和终点都是商品，货币是整个过程的媒介。 2. W—G—W，货币最终花掉了，同一块货币两次换位。货币再回到起点，只是由于整个过程的更新或重复。	1. G—W—G'，从买开始，以卖结束，运动起点和终点都是货币，商品成为整个过程的媒介。 2. G—W—G 货币预付只是为了重新得到它的起点。同一商品两次换位。货币流回是由货币支出的性质决定的，如不流回，说明活动失败。

---

① 本表是依据《资本论》第一卷 第二篇 第四章 第二节中关于商品流通、货币流通和资本流通的内容整理的。

		商品流通中的货币	资本流通中的货币
本质上的区别	目的不同	商品流通或循环的最终目的是消费，是满足需要，是使用价值。	资本流通或循环的动机和决定目的是交换价值。
	内容不同	商品流通中，两种不同使用价值的商品等价交换是运动的内容。	资本流通中，交换的两级虽然是同质的货币，但数量不等。取回的货币大于投入的货币，这个增值额就是剩余价值。
	界限不同	商品流通以消费或满足一定的需要为限，因而其运动是有一定界限的。	资本流通是为了价值增值，因此，它的运动是没有界限的。
	地位不同	W—G—W，商品是运动的主体，货币只是交换的媒介，运动一结束，货币就退出流通领域。	G—W—G'，价值是运动的主体，商品和货币仅是价值的不同形式，在运动中，价值不仅保存了自己，而且扩大了自己。

"资本总公式的矛盾" 表解①

	内容
总公式及其矛盾	G—W—G′是直接在流通领域内表现出来的资本的总公式。这个公式和前面的商品在流通中，等价交换的原则相矛盾。剩余价值从何而来？
剩余价值不能从流通中产生 / 买和卖颠倒不能增值	买和卖的次序颠倒，只对交易的三个当事人中的一个人，才是存在的。作为资本家，先从 A 那里买商品，再把商品卖给 B，先买后卖。这对简单商品流通的先卖后买的次序来说，是颠倒了。但是对 A 和 B 来说，不论是简单商品流通还是资本流通，都是以商品单纯的卖者和买者出现。同时，在这里资本家也仅仅是以单纯的货币的所有者和商品的所有者与 A、B 相对立。可见，卖和买的次序的颠倒，和简单商品流通并没有什么不同，不会发生增值。
剩余价值不能从流通中产生 / 等价交换不产生剩余价值	不以现实货币为媒介的单纯的商品交换，不产生剩余价值。例如两个商品所有者在彼此购买对方的商品，不使用货币，只是到交付日期用货币结算债务差额。这种单纯的商品交换，就使用价值来说，双方都得了好处，因为通过交换双方都让渡对自己没有使用价值的商品，而得到了自己需要的商品。同时由于社会分工，各自得到的使用价值，在同样的时间内，由对方生产就比自己生产较多。就交换价值来说，由于等价交换，都没有价值增值。

---

① "资本总公式的矛盾"表解依据是《资本论》第一卷 第二篇 第四章 资本的总公式，总公式的矛盾整理的。

		内容
剩余价值不能从流通中产生	等价交换不产生剩余价值	以货币为媒介的流通不产生剩余价值。因为商品的价值是由生产它的社会必要劳动时间决定的，"因此它是流通的前提，不是流通的结果" 在商品流通中，商品形式的变化也不产生剩余价值。把欺诈和掠夺等情况排除在外，在供求平衡的情况下，抽象的考察商品流通，那么除了一种使用价值被另一种使用价值代替外，只是发生了商品形式的变化，即从商品形式变为货币形式，再变为商品形式。这种形式的变化并未改变价值量，因而不产生剩余价值。
	不等价交换也不会产生剩余价值	贵卖或者贱买，不产生剩余价值。因为在商品市场上，商品所有者之间的权利是平等的，作为商品出卖者，将其商品高于价值10%出售，那么其他商品所有者也会这样做。和商品按其价值出售一样，商品所有者并未得到好处。反过来说，低价购买商品，那么作为买者赚的，正是在事前作为卖者时所有失去的，结果还是照旧。因此，靠贵卖或者贱买，并不能带来剩余价值。 用欺诈手段也不能产生剩余价值。也许我们的困难是由于只把人当做生产关系的代表，没有把人当作个人来理解而产生的吧！让我们再假设有某个狡猾的 A，他用价值40元的酒，从 B 那儿换回 50 元的谷物。但是交换以前和交换以后，A、B 两人的总价值仍然是 90 元，并没有增加丝毫的价值。这里，流通中发生的只是一方所得，另一方所失，双方得失相抵，仍然没有产生剩余价值。
	结论	等价交换也好，不等价交换也好，流通中并不产生剩余价值。

续表

	内容
离开流通也不能产生剩余价值	剩余价值不能从流通中产生，但是，剩余价值的产生是否可以离开流通？也是不能的。因为，剩余价值的产生要以流通为条件，如果离开流通，那么商品所有者就只同他自己的商品发生关系。商品生产者，只有在流通领域中，互相交换其商品，彼此发生关系，才能使价值增值，才能使货币或商品转化为资本。因此，"资本不能从流通中产生，又不能不从流通中产生。它必须既在流通中又不在流通中产生"。①
解决资本增值的条件	解决资本增值的条件是：一方面，资本不能在流通中产生。因为货币转化为资本，必须依据商品交换的内在规律即价值规律。所以，等价物的交换应该是起点。另一方面，资本又不能不从流通中产生，因为作为资本的货币所有者必须通过流通，按商品价值购买商品和出售商品，而在过程终止时取出的价值大于他投入的价值。总之，货币所有者变成资本家，"必须在流通领域中，又必须不在流通领域中"。这就是解决问题的条件。②

①　马克思．资本论：第一卷［M］．北京：人民出版社，1975：188.
②　马克思．资本论：第一卷［M］．北京：人民出版社，1975：189.

"劳动力的买和卖" 表解①

	内　　容
劳动力是一种特殊的商品	从资本流通公式 G——W——G' 来看：第一，剩余价值不可能发生在货币上，因为货币作为购买或支付手段实现的只是商品的价值。第二，剩余价值也不可能在商品出卖时产生，因为这一过程只是将商品换成货币，其价值量不可能变化。因此，要使货币增加价值，只能发生在由货币购买的商品上。如果货币所有者能够买到这样一种商品：它的使用价值具有价值源泉的特殊属性，从而能够创造价值，那么问题就解决了。这种商品就是劳动力，资本家确实买到了劳动力商品。
劳动力成为商品的条件	1. 劳动力所有者具有人身的自由。劳动力所有者，对劳动力具有所有权，没有任何其他从属关系，可以自由出卖自己的劳动力。 　　2. 劳动力所有者除自己的劳动力外，一无所有。劳动力所有者，既无生产资料，又无生活资料，不得不靠出卖自己的劳动力来维持生存。总之，货币所有者要把货币转化为资本，就必须在商品市场找到自由的工人。这种自由具有双重意义：一方面，工人是自由人，能够把自己的劳动力当作自己的商品来支配；另一方面，他没有别的商品可以出卖，自由得一无所有，没有任何实现自己的劳动力所必需的东西。
劳动力价值的决定	1. 劳动力所有者所需要的生活资料的价值。同任何其他商品的价值一样，劳动力的价值也是由生产从而再生产这种特殊物品所必需的劳动时间决定的。但是，由于劳动力只是作为活着的人的能力所存在，而人需要消耗一定数量的生活资料。因此，首先决定劳动力价值的因素，是维持劳动力所有者所需要的生活资料的价值。 　　2. 劳动力所有者家庭所必需的生活资料的价值。劳动力所有者总是会死的，为了连续不断地提供劳动力，劳动力价值必须包括其子女所必需的生活资料的价值。

---

　① 本表是依据《资本论》第一卷 第二篇 第四章 劳动力的买和卖一节整理的。

	内容
	3. 劳动力的教育或训练费用。要使劳动力出卖者从事具有一定技能的劳动，必须进行一定的教育和训练。在资本主义制度下，尽管对普通劳动者来说，这部分劳动微乎其微，但总要包括在劳动力的价值之中。
劳动力价值的计算	工人所需的生活资料，有的是每天消耗，有的是在一周内或一季内消耗。假定生产劳动力所需要的生活资料的价值量，每天的量为 A，每周为 B，每季为 C，其他，等等。那么，劳动力每天需要的生活资料的价值量，用公式表示就是 $\dfrac{365A + 52B + 4C + 其他}{365\ 天}$ 假定平均每天所需要的这个生活资料的价值量为六小时社会必要劳动，那么这六小时社会必要劳动，就是每天再生产出的劳动力的价值。
劳动力价值的支付	在资本主义制度下，总是工人为资本家劳动了一定的时间之后，才领到工资。所以，资本家的货币，通常起支付手段的作用。这样，当资本家破产时，工人也就失掉工资。英国许多煤矿主，采取这样的办法进一步剥削工人。如果工人预支工资，则要到资本家开的商店中赊购生活必需品，迫使工人不得不忍受资本家的高价盘剥。在资本主义制度下，虽然情况如上所述，但为了在纯粹的形式上考察资本与劳动的关系，以及剩余价值的来源，我们还要假定工人出卖劳动力时，就立即得到了工资。
劳动力的买和卖	资本家在流通领域中购买了生产资料和劳动力，但是劳动力的使用不是在流通领域，而是在生产领域。在生产的场所，通过劳动力的使用，不仅可以看到资本是怎样进行生产的，还可以看到资本本身是怎样被生产出来的。赚钱的秘密最后一定会暴露出来。

劳动过程图①

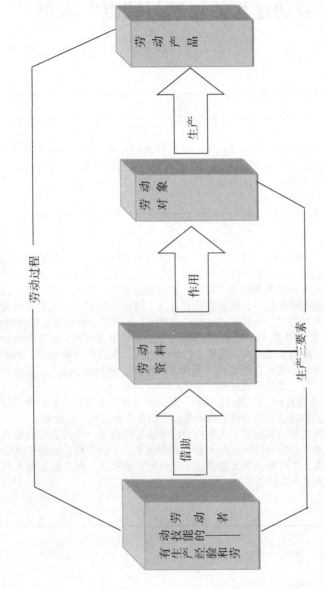

---

① "劳动过程图"是根据《资本论》第一卷第三篇第五章第一节"劳动过程"整理的。

"劳动过程的性质与特点" 表解①

	内　　容
劳动过程的一般性质	劳动过程的一般性质是生产使用价值的过程。资本家购买劳动力，是为了要劳动力的卖者进行劳动，使劳动力创造的价值凝结在某种有用物品上。在资本关系中，工人的劳动是在资本家的监督下进行的。
劳动过程的三要素	1. 劳动本身。劳动首先是人和自然之间的过程，是人以自身的活动来引起、调整和控制人和自然之间的物质交换的过程。在这里，人本身作为一种自然力与自然物质相对立。形成人类劳动的特点：首先，人在改变自然从而占有自然物质的同时，也就改变它自身，使自己的体力、脑力不断发展；其次，人类有思想、有意志、有目的的劳动，不同于受本能支配的动物的活动。 　　2. 劳动对象。劳动过程的简单要素除劳动本身以外，还有劳动对象和劳动资料。所谓劳动对象，是指人们的劳动在上面起作用的东西。例如，未经人的协助而天然存在的土地（包括水，矿产，原始森林等），以及经过劳动加工的原料，都是劳动对象。 　　3. 劳动资料。所谓劳动资料，是指劳动者用来把自己的活动传导到劳动对象上的物或物的综合体，也就是说人们在劳动过程中所使用的生产工具等。劳动资料的使用和创造是人类劳动过程独有的特征。劳动资料的遗骸对于判断已经消亡的社会经济形态有着重要的意义。劳动资料，特别是其中生产工具的状况，不仅标志着人类劳动生产力的发展程度，而且标志着人们的社会生产关系的发展阶段。

---

　　① 本表是依据《资本论》第一卷 第三篇 第五章中劳动过程的内容整理的。

	内　容
劳动过程的三要素	4. 劳动过程是三要素的有机结合。在劳动过程中，人的活动借助于劳动资料使劳动对象发生预定的变化，其结果是劳动和劳动对象结合在一起，形成新的产品。
生产资料在劳动过程中的作用	1. 产品不仅是劳动过程的结果，同时还是劳动过程的条件。同一个使用价值既是这种劳动的产品，又是别种劳动的生产资料，例如棉纱，既是纺纱工人的劳动产品，又是织布工人的一种生产资料；一切原料和劳动资料都是经过劳动加工而成的产品；原料可以构成产品的主要实体，也可以作为辅助材料参加产品的形成。 　2. 一般产品在劳动过程中的作用。可分四种情况：同一产品有多种使用价值，因而可做多种劳动过程的原料。如木材就是这样的产品；同一产品在同一劳动过程中，可以兼作劳动资料和原料。如家禽既是加工的原料，又是制造肥料的手段；一种已经完成可供消费的产品能重新作为别种产品的原料，如葡萄可做制酒的原料，半成品只能做原料。 　因此，当产品重新进入劳动过程时，就不再当作产品发生作用，而是作为活劳动的物质因素发生作用。它在发生作用时，只有当它表现出某些不足之处时，人们才会想起过去生产它的生产者来，否则，人们就不会想起过去生产它花了多少劳动。
活劳动在劳动过程中的作用	人们的劳动产品，除了直接供人类消费的生活用品之外，作为生产资料，只有投入劳动过程，与活劳动相结合，其使用价值才能保存和实现。否则，它仅仅是可能性上的产品，还不是现实起到作用的产品。因为生产资料不投入劳动过程，被活劳动消费并赋予新的活力，就会经过自然风化而变成无用的废物。但是，生产资料在劳动过程中被活劳动消费，与生活资料的个人消费，是两种性质不同的消费。前者是生产性消费，消费的结果是创造出新的产品；后者是个人的消费，把产品消费掉。可见，活劳动在劳动过程中起着使生产资料由此复活的关键作用。
资本主义劳动过程的特点	就资本消费劳动力的过程来看，有这样两个特点： 1. 工人在资本家监督下劳动，他的劳动属于资本家。 2. 劳动产品归资本家所有，不为直接生产它的工人所有。

"价值形成过程" 图解①

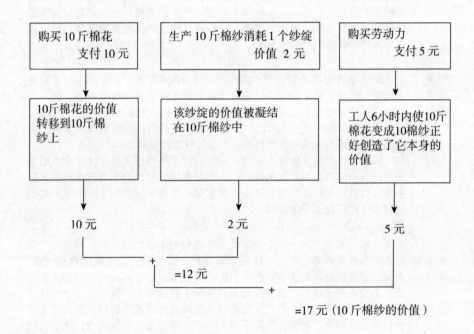

---

① 本图根据《资本论》第一卷 第三篇 第五章 第二节整理。本图以棉纱生产为例，假定每个劳动者 6 小时可以使 10 斤棉花的价格转移到 10 斤棉纱上。

"价值增殖过程" 图解①

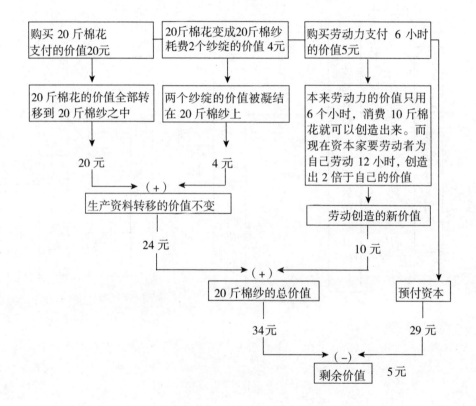

① 本图根据《资本论》第一卷 第三篇 第五章 第二节整理。本图以棉纱生产过程。假
定每个劳动者6小时内使用10斤棉花变成10斤棉纱。

73

工人的劳动时间划分图①

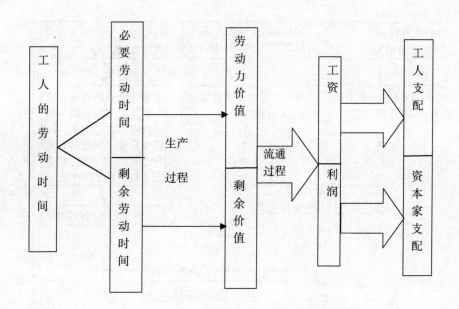

---

① 本图是根据《资本论》第一卷 第三篇 第七章的内容描绘的，属于剩余价值率理论
范畴。

"工人的劳动时间划分图"解读

1. 雇佣工人的具体劳动和抽象劳动 在资本主义生产过程中，雇佣工人的劳动分为具体的有用劳动和抽象的人类劳动。其中，雇佣工人的具体劳动把生产资料的价值转移到新产品中去，雇佣工人的抽象劳动则创造了产品的新价值。产品的新价值包括资本家预付的可变资本价值即劳动者所必需的生活资料的价值部分和剩余价值部分。

2. 雇佣工人的必要劳动时间和剩余劳动时间 雇佣工人生产自己所必需的生活资料价值的劳动所需要的时间就是必要劳动时间；雇佣工人超出为自己生产所必需的生活资料价值的必要劳动时间以外，生产剩余价值的劳动所需要的时间就是剩余劳动时间。马克思指出，工人在生产劳动力日价值……的工作日部分内，只是生产资本家已经支付的劳动力价值的等价物，就是说，只是用新创造的价值来补偿预付的可变资本的价值，所以，这种价值的生产只是表现为再生产。因此，把进行这种再生产的工作日部分称为必要劳动时间，之所以是必要的，是因为它不以他的劳动的社会形式为转移，因为工人的经常存在是它们的基础。工人超出必要劳动的界限做工的时间，虽然耗费工人的劳动，耗费劳动力，但并不为工人形成任何价值。这段时间形成剩余价值，剩余价值以从无生有的全部魅力引诱着资本家。我们把工作日的这部分称为剩余劳动时间。

3. 资本主义生产的目的是了攫取更多的剩余价值 资本家总是千方百计地缩短雇佣工人工作日中的必要劳动时间部分，延长剩余劳动时间部分。资本家延长剩余劳动时间的办法通常有两种：一是在必要劳动时间既定的情况下，通过延长工作日来延长剩余劳动时间，这就是绝对剩余价值的生产；一是在工作日长度不变的情况下，通过缩短必要劳动时间，相应地延长剩余劳动时间，这就是相对剩余价值的生产。

不变资本和可变资本划分图[①]

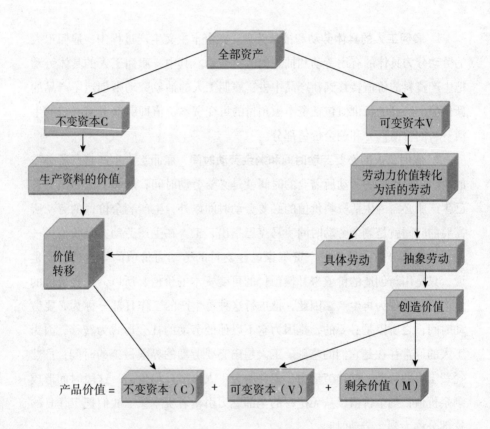

————————————

① "不变资本和可变资本划分图"是依据《资本论》第一卷 第三篇 第六章绘制的。

"不变资本和可变资本划分图"解读

1. 劳动过程的不同因素在产品价值形成中起着不同的作用。一方面，工人在劳动过程中，通过自己的抽象劳动把新价值加到劳动对象上。另一方面，用他的具体劳动把生产资料的价值转移到新产品上。马克思认为，工人在同一时间内，用一次劳动达到两种完全不同的结果：保存旧价值和创造新价值。在同一个不可分割的过程中，劳动保存价值的属性和创造价值的属性在本质上是不同的。纺同量的棉花所必要的劳动时间越多，加到棉花上的新价值就越大；在同一劳动时间内纺的棉花磅数越多，保存到产品内的旧价值就越大。

2. 在劳动过程中，生产资料只有失掉它的独立的使用价值同时也失掉它的交换价值，价值才能从生产资料转移到产品上去。但是不同的生产资料要素情况各不相同。燃料、原料和辅助材料，在劳动过程中，改变了原有的使用价值形态，价值一次全部转移到新产品中去了。而工具、机器、厂房和容器等劳动资料，在劳动过程中，保持原有使用价值形态，价值逐步转移到新产品中去。原料材料的价值是一次转移，通过产品销售一次收回；而劳动资料的价值是一次投入，多次以折旧费的形式收回。

3. 剩余价值就是产品价值超过消耗掉的产品形成要素即生产资料价值和劳动力的价值而形成的余额，也就是价值已经增殖的资本，超过原预付资本价值而形成的余额。

4. 不变资本：投在原料、辅助材料、劳动资料上的那部分资本，由于在生产过程中不改变自己的价值量。因此马克思把它称为不变资本。

5. 可变资本：投在劳动力的那部分资本，它在生产过程中改变自己的价值，即再生产出自身的等价物和超出这个等价物的余额——剩余价值。这个剩余价值本身是可以变化的，是可大可小的。这部分资本从不变量变为可变量。因此，马克思把它称为可变资本。

"产品价值在生产时间上的划分" 表解①

假设：一个工作日 10 小时生产棉纱二十斤。其时间配如下：

时间分配

1. 不变资本的价值为产品价值 80%，因此一个十小时工作日的 80% 即八小时，所生产的产品价值正好等于不变资本的转移价值。

2. 可变资本价值为产品价值 10%，因此工作日的 10%，即一小时，所生产的产品价值正好等于新创造的用来补偿可变资本的价值。

3. 剩余价值为产品价值的 10%，因此工作日最后的一个 10%，即一小时所生产的产品价值正好等于剩余价值。

---

① 资产阶级的辩护士西尼尔，为了反对缩短工作日，捏造了"最后一小时"说，认为资本家的纯利润是由工人在工作日的最后一小时生产出来的。马克思认为，工人在劳动过程的一段时间内，有一段时间只生产自己劳动力的价值，这段时间叫必要劳动时间，在价值形式上表现为可变资本。有一段时间是转移生产资料的价值，这部分价值正好等于不变资本的价值。另外一段时间生产剩余价值。如上所述：如果一个工作日是 10 个小时，80% 即 8 小时转移旧价值，10% 即 1 小时生产可变资本价值，另外，10% 即 1 小时生产剩余价值。产品价值在生产时间上的划分（C）8 小时 +（V）1 小时 +（M）1 小时 = 10 小时。这只是一种划分方法，但这绝不是说，最后一个小时是生产剩余价值。事实上在生产过程中每一个小时中都有一个 C + V + M。

"产品价值在产品相应部分上的表现"表解

——或资本主义商品价值结构①

假定产品二十斤的棉纱价值为30元，生产中消耗的不变资本C为24元，可变资本V为3元，剩余价值M为3元，

那么各生产要素的价值在产品上的分配如下：

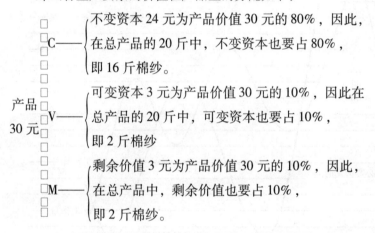

$$
产品\ 30\ 元 \begin{cases} C \longrightarrow \begin{cases} 不变资本24元为产品价值30元的80\%，因此，\\ 在总产品的20斤中，不变资本也要占80\%，\\ 即16斤棉纱。 \end{cases} \\ V \longrightarrow \begin{cases} 可变资本3元为产品价值30元的10\%，因此在\\ 总产品的20斤中，可变资本也要占10\%，\\ 即2斤棉纱 \end{cases} \\ M \longrightarrow \begin{cases} 剩余价值3元为产品价值30元的10\%，因此，\\ 在总产品中，剩余价值也要占10\%，\\ 即2斤棉纱。 \end{cases} \end{cases}
$$

---

① 马克思把产品价值分为三部分：W=C+V+M，20斤棉纱价值为30元，其中不变资本C为24元，可变资本V为3元，剩余价值M为3元。这就是说，产品价值不仅在时间上可以划分为C+V+M三个部分，而且在产品上也可以划分为C+V+M。也就是说，在每一件产品上都有一个C+V+M，这就彻底批判了西尼耳的"最后一小时"。

工作日变动曲线①

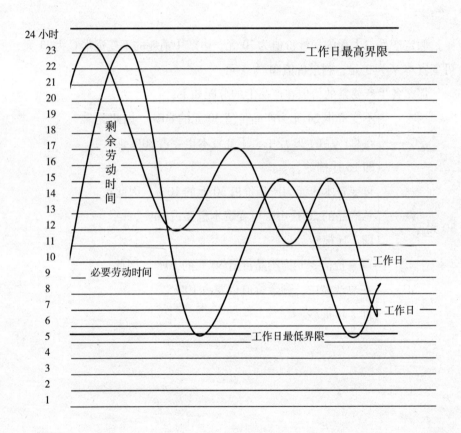

---

① "工作日变动曲线"是《资本论》第一卷 第三篇 第八章 第一节"工作日的界限"
的理论抽象。

"工作日变动曲线" 解读①

"工作日变动曲线"反映的是资本主义制度下工人工作日的变动情况。在这一章,马克思用了很大的篇幅,论述了工作日界限理论,以及围绕工作日长度,资本家阶级和工人阶级所进行的斗争。

1. 工作日不是一个不变量,而是一个变量。尽管它的一部分是由不断再生产工人本身所必需的劳动时间决定的,但是它的总长度随着剩余劳动的长度或持续时间而变化的。因此,工作日是可以确定的,但是他本身是不定的。

2. 工作日的最低界限和最高界限。工作日只能在一定的界限内变动。工作日的最低界限按道理说,应当是工人为维持自身而在一天当中必须从事必要劳动的那部分时间。但是在资本主义生产方式的基础上,工作日绝不会缩短到这个最低限度。工作日有一个最高界限。一是身体界限:工人每天必须有休息时间、睡觉时间、吃饭时间、洗漱穿衣时间。二是社会界限:工人的文化活动时间和社会活动时间。这两个界限都有极大的伸缩性和极大的变动余地。工作日就是在这样一个范围内变化的。工作日曲线就是这种变化的抽象形式。

3. 在资本主义生产的历史上,工作日的正常化过程表现为规定工作日界限的斗争,这是全体资本家即资本家阶级和全体工人即工人阶级之间的斗争。

---

① 《资本论》第一卷 第三篇 第八章 第258–335 页。

"剩余价值率及其计算方法" 表解[①]

公式	剩余价值率（m′）$= \dfrac{剩余价值}{可变资本} = \dfrac{M}{V}$。 剩余价值率（m′）$= \dfrac{剩余劳动}{必要劳动} = \dfrac{剩余劳动时间}{必要劳动时间} = \dfrac{a′}{a}$
计算	（1）一般总是先剔除不变资本的价值，即让 C＝0 然后再求 m 与 v，从而计算它们的比例 $\dfrac{M}{V}$。 （2）由于 $\dfrac{M}{V} = \dfrac{a′}{a}$，所以，只要知道 $\dfrac{M}{V}$，就等于知道 $\dfrac{a′}{a}$，例如当 m′＝100％时，就知道劳动者是为自己劳动半日，为资本家劳动其余半日，虽然我们还不知道劳动日的绝对量是多少。 （3）如已知 $\dfrac{M}{V}$。又知工作日的长度（a′＋a）。可以按比例地推出 a′和 a 的大小。

① 此表是依据《资本论》第一卷 第三篇 第七章 第九章整理的。

"决定剩余价值的三大规律" 表解[①]

第一个规律：

剩余价值量等于预付的可变资本量乘以剩余价值率。

即：

$$M = \begin{cases} \dfrac{m}{v} \times v \\ k = \dfrac{a'}{a} \times n \end{cases}$$

第二个规律：

平均工作日的绝对界限（它天然小于 24 小时），就是可变资本的减少可以由剩余价值的提高来补偿的绝对界限，或者说，就是受剥削的工人人数的减少可以由劳动力受剥削的程度的提高来补偿的绝对界限。

第三个规律：

如果剩余价值率、劳动力价值已定，则剩余价值量与预付的可变资本量成正比例。

---

① 此表的依据是《资本论》第一卷 第三篇 第九章 剩余价值率和剩余价值量。详见《资本论》第一卷 第 336－345 页。

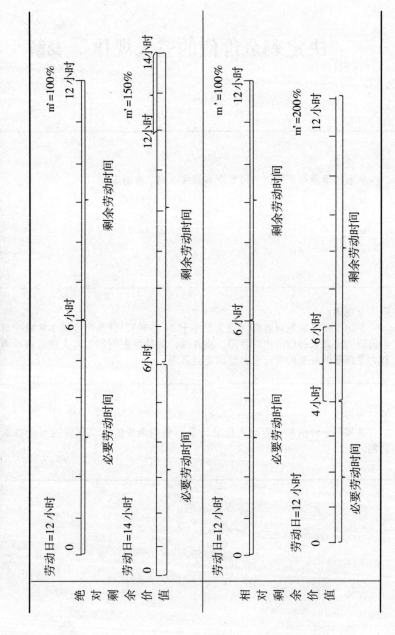

"绝对剩余价值生产和相对剩余价值生产比较"表解

绝对剩余价值

劳动日=12 小时
0　　　　　6 小时　　　　　12 小时
　　必要劳动时间　　　剩余劳动时间　　m'=100%

劳动日=14 小时
0　　　　6 小时　　　　12 小时　　14小时
　　必要劳动时间　　剩余劳动时间　　m'=150%

相对剩余价值

劳动日=12 小时
0　　　　　6 小时　　　　　12 小时
　　必要劳动时间　　　剩余劳动时间　　m'=100%

0　　4 小时　　6 小时　　　　12 小时
　必要劳动时间　　　剩余劳动时间　　m'=200%

"超额剩余价值的来源"表解①

资本（1）〔具有平均社会生产水平的资本〕

资本	m'	剩余价值	产品数	单个产品价值（社会价值）	按社会价值出售	剩余价值	超额剩余价值
$80C + 20V$	100%	20m	80	$\dfrac{80 + 20 + 20}{80} = 1.5$	$1.5 * 80 = 120$	$120 - 100 = 20$	0

资本（2）〔高于社会平均生产水平的资本〕

资本	m'	剩余价值	产品数	单个产品价值（社会价值）	按社会价值出售	剩余价值	超额剩余价值
$90C + 10V$	100%	10	110	$\dfrac{80 + 20 + 20}{80} = 1.5$	$1.5 * 110 = 165$	$165 - 100 = 65$	$65 - 20 = 45$

---

①　超额剩余价值是商品的社会价值和个别价值之差。某个资本家提高劳动生产力，从而降低了商品的劳动时间，那么，他的商品的个别价值就低于社会价值。市场上承认的是社会价值。这样一来，劳动生产率较高的个别资本家在出售商品时，不仅获得了剩余价值，而且可以获得超额剩余价值。超额剩余价值是以劳动生产率提高为前提的，因此超额剩余价值本身属于相对剩余价值的生产。详见《资本论》第一卷第351—355页。

"协作的特点"表解[①]

协作的一般特点	资本主义协作的特点
1. 协作：形成社会平均劳动。在协作的过程中，许多劳动者集合在一起，为生产同类商品而共同劳动的时候，相互间的劳动差别可以互相抵消，使劳动成为社会的平均劳动。 2. 协作可以节约生产资料。在许多工人共同参加的劳动过程中，生产资料会由于共同消费而得到节约。这是因为：第一，协作可以使生产资料得到合理的应用，使生产资料的价值，不会因为它的使用价值被充分使用而有所增加；第二，协作要求扩大生产规模，但是所需要增加的生产资料的价值，不会和生产资料的规模和效果按同一比例增加。物化劳动节约的结果，会提高劳动生产力，降低产品价值，提高一般剩余价值率。 3. 协作不仅提高个人生产力，而且创造了集体力。许多劳动者同时在同一不可分割的工作上进行劳动，就形成了总的结合劳动，这种结合劳动的力量，比一个个劳动者的机械力量大得多。例如一个个单干的劳动者，任何一个人都不能挑起千斤重的东西，但许多劳动者协同劳动就轻而易举了。	1. 一定数量资本的积聚是组织资本主义协作的前提。任何社会的协作都必须以劳动者集结在一定的空间共同工作为条件。在资本主义制度下，同一个资本家，同一个资本，如果不同时使用雇佣工人，他们就不能进行协作，因此，协作的规模取决于一个资本家能支付多大资本量来购买劳动力和配置相应的生产资料，取决于可变资本和不变资本的积累程度。必须要有一定最低限额的资本，才能使小业主变成资本家，从而使资本关系在形式上建立起来。现在，这个最低限额表现为使许多分散的和互不依赖的单个劳动过程转化为一个结合的社会劳动过程的物质条件。 2. 资本对协作的管理，在内容上是二重的，在形式上是专制的。任何社会的共同劳动都需要有一个统一的指挥，以协调个人的活动。当有许多雇佣工人的协作这样的条件存在时，资本的指挥就成为劳动过程本身所必须的条件。而当协作劳动是资本主义的协作时，这种管理和指挥的职能也就取得特殊的性质，即剥削的性质，从而成为资本的职能。

---

① 本表的理论依据是《资本论》第一卷 第四篇 第十一章 协作。详见第358—372 页。

协作的一般特点	资本主义协作的特点
4. 协作时许多劳动者在一起劳动，就会激发他们的竞争心和集中他们的精力，从而提高个人的工作效率。 5. 协作可以使许多人的同种作业具有连续性，组织流水作业，使劳动对象可以更快地通过劳动过程的各阶段，从而提高工作效率。 6. 协作可以同时进行不同的操作，组织全面工作，从多方面对劳动对象进行加工，可以缩短创造总产品的必需的劳动时间。 7. 协作可以集中力量，在短时间内完成紧急的任务。许多生产部门都有紧张时期，特别是农业的抢收播种时间，集中大量劳动者进行协同劳动，可以减少损失。 8. 协作能扩大劳动的空间范围，可以使那些需要有广阔空间的操作，如排水、筑路、修堤等大型工程得以进行。 9. 协作能集中劳动力以缩小生产场地，从而减少非生产费用。	3. 协作的社会生产力表现为资本的生产力。工人出卖给资本家的只是他个人的单个的劳动力，他们的协作是在劳动过程中产生的，这时他们已经不再属于自己，而只不过是资本的一种特殊存在形式。因此，工人作为社会工人所发挥的生产力，就完全属于资本，就好像资本具有的生产力是天然的，是资本内在的生产力。

"工场手工业的二重起源和两种基本形式"表解①

工场手工业的二重起源	工场手工业的两种基本形式
1. 不同种的独立手工业工人，在同一个资本家的指挥下，联合在一个工场里，从事一种商品的生产。例如：制造马车业，把有关的马车匠、马具匠、裁缝等等，联合在一起，生产马车。这虽然还是简单协作，但很快就发生了本质的变化。这些从事不同工种的手工业者，一方面逐渐失去了全面从事所有手工业的习惯和能力；另一方面，每一种操作都形成一个人的专门职能。于是简单协作发展为以分工为基础的协作。 2. 许多从事同一个或同一类工作的手工业者，同时在同一个工场里为同一个资本家所雇佣。这仍然是简单协作。每个手工业者都制造整个商品，但逐渐把各种操作分离开来，固定为系统的分工。于是，商品不再是独立手工业者个人的产品，而是许多手工业者分工协作，共同制造的社会产品了，这样简单的协作就变成了以分工为基础的协作。	1. 混成的工场手工业。以钟表业为例，钟表零件很多，零件中只有极少的要经过不同人的手，其余却要用一个一个人来做。这样许多分离的零件最后由装配工人集中装配。这部分劳动者有的当作互相独立的手工业来经营；有的在一个资本家的指挥之下，当作部分劳动者从事直接的协作。 2. 有机的工场手工业。以制针业为例，在制针工场手工业中，针条要按顺序相互联系的一系列阶段，经过 72 个甚至 92 个专门的局部工人的手。由于这种工场手工业把原来分散的手工业结合在一起，因此就缩短了制品的各个特殊阶段之间的空间距离、转换时间和劳动力的节约。

---

① 本表的依据是《资本论》第一卷 第四篇 第十二章 分工和工场手工业。详见《资本论》第一卷 第 373 – 407 页。

机器的构成图①

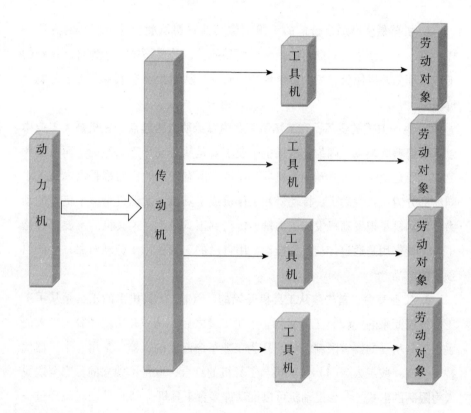

———————————

① 马克思在《资本论》第一卷 第四篇 第十三章 机器和大工业 第一节 "机器的发展"中，对机器的构成做了详细论证。

"机器的构成图"解读

1. 机器是生产剩余价值的手段　像其他一切发展劳动生产力的方法一样，资本主义使用机器的目的是要使商品便宜，是要缩短工人为自己花费的工作日部分，以便延长剩余价值生产的时间，从而为资本家生产更多的剩余价值。

2. 生产方式的变革，在工场手工业中以劳动力为起点，在机器大工业中以劳动资料为起点　因为，工场手工业主要是从劳动分工开始的；而机器大工业主要是从手工工具转变为机器开始的。所有发达的机器都是由本质上不同的部分组成：发动机、传动机和工作机或工具机。发动机是整个机器的动力；传动机是把发动机发出的力量，传送到工具机上；工具机的主要部件是工具，其作用是通过传动机的推动，用自己的工具作用于劳动对象，生产出预定的产品。

3. 工业革命，首先是从工具机开始的　（1）工具机上的工具是从手工工具发展而来的。（2）工具机代替手工工具之后，从一开始就摆脱了工人的手工工具所受的器官限制。（3）作为工业革命起点的机器，是用一个机器代替一个或一些工人。（4）蒸汽机与工具机的结合，取得了独立的、完全摆脱人力限制的形式。一台发动机可以推动许多台工具机。（5）劳动对象经过一系列各不相同而又互相补充的工具机的不同操作，最后才制成成品。

4. 用机器生产机器，才能建立起大工业的技术基础　机器的应用使劳动过程发生了变化。第一，自然力代替了人力；第二，自觉运用科学技术代替了从经验中得出的成规；第三，有组织的机器体系代替了局部工人的组合。第四、劳动生产力大大提高。

机器的价值转移图[①]

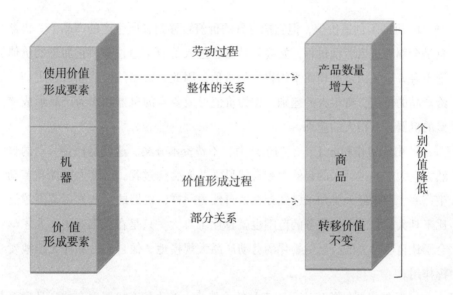

---

① 在《资本论》第一卷 第四篇 第十三章 机器和大工业 第二节中，马克思对机器的价
　值转移进行了专门论证。

"机器的价值转移图" 解读

1. 机器不创造价值，但它把自身的价值转移到它所生产的产品上。机器总是全部地进入劳动过程，始终只是部分进入价值增值过程。它加进的价值绝不会大于它由于磨损而平均丧失的价值。因此，机器的价值和机器定期转给产品的价值，有很大的差别。作为价值形成要素的机器和作为产品形成要素的机器，有很大的差别。

2. 由于协作和分工产生的生产力，不费资本分文。这就是社会劳动的自然力。大工业把巨大的自然力和自然科学并入生产过程，必然大大提高劳动生产率。和未经人类加工已经存在的自然力一样，机器的生产作用范围越是比工具大，它的无偿服务的范围也就越比工具大。只是在大工业中，人才学会了让自己过去的、已经物化的劳动产品大规模地、像自然力那样无偿地发挥作用。

3. 既然机器的价值比手工工具的价值要大，为什么机器生产的产品反而比手工生产的产品更便宜？这是因为，第一，机器的价值是一部分一部分地转移到新的产品中去的。机器本身的价值与它转移的价值差别很大。第二，在机器生产中，同一工作机由它的许多工具共同消费，同一发动机及传动机由许多工作机共同消费。

4. 资本家在什么样的情况下使用机器而不使用劳动力？资本家使用机器的目的，不是为了节约劳动，而是为了取得更多的剩余价值。因此，对资本家来说，只有在机器的价值和它所代替的劳动力的价值之间存在差额的情况下，才会使用机器，换一句话说，只有机器的价格低于它所代替的工人工资的情况下，才会使用机器。

绝对 m 生产和相对 m 生产的关系图①

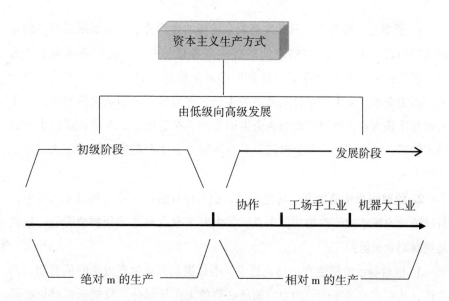

①《资本论》第一卷 第三篇 研究的是绝对剩余价值的生产，第四篇研究的是相对剩余价值生产，第五篇在此基础上，把绝对剩余价值和相对剩余价值作为统一的资本主义生产来考察，分别从质和量两个方面，研究了它们的共同点、相互关系以及剩余价值量的变化规律。其中，第五篇 第十四章 绝对剩余价值和相对剩余价值的论述比较集中。

"绝对 m 生产和相对 m 生产的关系图" 解读

1. 资本主义制度下，只有生产剩余价值的生产劳动　如果撇开劳动的各种历史形式，作为人与自然之间的过程来考察，劳动本身就表现为生产劳动。但是在资本主义制度下，只有生产剩余价值价值的劳动，才是生产劳动。因为资本主义生产不仅是商品的生产，它实质上是剩余价值的生产。工人本身不是为自己生产，而是为资本家生产。在这里，工人单是进行生产已经不够了。他必须生产剩余价值。只有为资本家生产剩余价值的工人，才是生产工人。

2. 绝对剩余价值生产　马克思讲，把工作日延长，使之超出工人只生产自己劳动力价值的等价物的那个点，并由资本家占有这部分剩余劳动，这就是绝对剩余价值的生产。

3. 相对剩余价值生产　马克思说，通过提高劳动生产力来降低劳动力的价值，从而缩短再生产劳动力价值所必要的工作日部分。我把通过缩短必要劳动时间，相应改变工作日两个组成部分的量的比例而生产剩余价值的过程，叫做相对剩余价值生产。

4. 绝对剩余价值生产与相对剩余价值生产的联系　绝对剩余价值生产构成资本主义体系的一般基础，并且是相对剩余价值生产的起点。绝对剩余价值生产是资本主义生产方式的初级阶段。相对剩余价值生产是资本主义生产方式发展的高级阶段。相对剩余价值生产是以特殊的资本主义的生产方式为前提。这种生产方式连同它的方法、手段和条件本身，最初是在劳动在形式上隶属于资本的基础上自发的产生和发展的。资本主义生产方式经过协作、工场手工业和机器大工业之后，这种形式上的隶属最终让位于实际上的隶属。

5. 绝对剩余价值生产与相对剩余价值生产的共同点与区别　生产相对剩

余价值的方法同时也是生产绝对剩余价值的方法。无限延长工作日正式表现为大工业特有的产物。如果劳动生产力和劳动强度已定，剩余价值率只有通过工作日的绝对延长才能提高；如果工作日的界限已定，剩余价值率只有通过工作日两个部分即必要劳动和剩余劳动的相对量的变化才能提高，而这种变化在工资不降到劳动力价值以下的情况下，又以劳动生产率或劳动强度的变化为前提。

6. 剩余价值生产，不是由自然条件决定的，而是由资本主义生产关系决定的 没有一定程度的劳动生产率，就不能产生剩余价值。良好的自然条件，只提供剩余劳动的可能性，剩余价值的生产是资本主义的产物。

"劳动力价格和剩余价值的量的变化"表解①

变化 条件	内　容
工作日的长度和劳动强度不变，劳动生产力可变	第一个规律：不论劳动生产力如何变化，从而不论产品数量和单个商品的价格如何变化，一定长度的工作日总表现为相同的价值产品。 　　第二个规律：劳动力价值和剩余价值按照相反的方向变化。劳动生产力的变化，它的提高与降低，按照相反的方向影响劳动力的价值，按照相同的方向影响剩余价值。劳动生产率的提高，劳动力价值下降，剩余价值提高；劳动生产力下降，劳动力价值提高，剩余价值下降。 　　第三个规律：剩余价值的增加或减少始终是劳动力价值相应的减少或增加的结果，而绝不是这种减少或增加的原因。

---

　① 本表是依据《资本论》第一卷 第五篇 第十五章"劳动力价值和剩余价值的量的变
　　化"整理的。

变化条件	内　　容
工作日和劳动生产力不变，劳动强度可变	第一，从对产品的价值来看，虽然两者在一定时间内都能提供更多的产品，但是一个是具体劳动的生产力的提高，抽象劳动没有增加，所以价值总量并不增加。这样，单位产品所包含的价值量，相对于劳动生产力的提高就成比例的减少了，相对于劳动强度的提高就不会减少而保有原有的数量。 第二，从对劳动力价格和价值的关系看，劳动生产力的提高，不会创造更多的价值产品。劳动强度的提高，则与此相反。劳动强度较大的工作日不仅会创造更多的价值产品，而且会使价值产品的两个分割部分，即劳动力价格和剩余价值，可以同时以相同的或不同的程度增加。但在劳动力价格提高时，劳动力价格还可能降低到劳动力的价值以下。当劳动力价格的提高不能补偿劳动力的加速的损耗时总是发生这种情况。这就是说，劳动强度的提高如果超过了生理界限，劳动力就遭受破坏，即使劳动力价格有所增加，却补偿不了劳动力加速度地损耗。 第三，从生产相对剩余价值来看，两者都能缩短必要劳动时间。除一时的例外（即除开某企业一时取得超额剩余价值的情况除外），劳动生产力只有在生产工人生活资料的部门里发挥作用时才能影响劳动力价值量，从而缩小必要劳动时间，影响剩余价值量的变化。这个限制对劳动力强度就不适用了。不管什么生产部门，只要提高劳动强度，就会缩小必要劳动，增加剩余价值的量。
劳动生产力和劳动强度不变，工作日可变	第一，工作日缩短。既然劳动生产力和劳动强度不变，必要劳动也就不变。工作日的缩短就只会缩短剩余劳动或减少剩余价值，从而剩余价值率也会随之减少。资本家只有把劳动力的价格压到他的价值以下，并且要使压低的数量相当于剩余价值的减少的数量，才能保持原有的剥削量。 第二，工作日延长。在这种场合，剩余价值随着增加了。这样，劳动力的价值，绝对地说虽然不变，相对地说却下降了。

续表

变化条件	内 容
劳动的持续时间、劳动生产力和劳动强度同时变化	第一，劳动生产力降低，同时工作日延长。在劳动生产力下降和工作日延长的情况下，即使剩余价值的此例量下降，剩余价值仍可保持不变，并且，工作日延长到一定的程度时，剩余价值和剩余价值率都可能增加。 　　第二，劳动强度和劳动生产率提高，同时工作日缩短。劳动强度和劳动生产力的提高，都能缩短必要劳动。必要劳动时间是工作日的绝对最低界限，如果工作日缩小到这个界限，剩余劳动就没有了。这在资本主义的制度下是不可能发生的。只有消灭了资本主义的生产关系，才允许把工作日限制到必要劳动上。劳动生产力越是增加，工作日就越能缩短；而工作日越是缩短，劳动强度就越增加。

工资的本质和现象内在联系图①

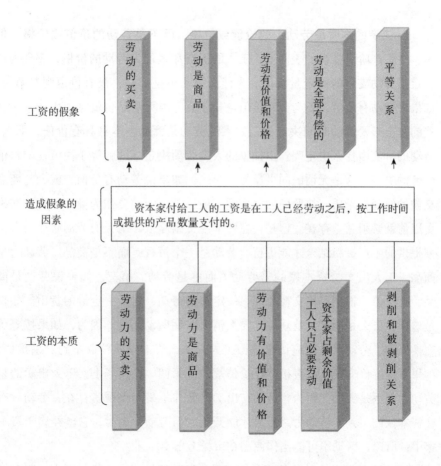

工资的假象：劳动的买卖　劳动是商品　劳动有价值和价格　劳动是全部有偿的　平等关系

造成假象的因素：资本家付给工人的工资是在工人已经劳动之后，按工作时间或提供的产品数量支付的。

工资的本质：劳动力的买卖　劳动力是商品　劳动力有价值和价格　资本家占剩余价值 工人只占必要劳动　剥削和被剥削关系

---

① 《资本论》第一卷 第六篇 工资 第十七章 劳动力的价值或价格转化为工资。工资这一章实际上是剩余价值理论的一个组成部分。"工资的本质和现象内在联系图"是依据马克思"劳动力的价值或价格转化为工资"整理的。

"工资的本质和现象内在联系图"解读

1. 工资的本质是劳动力的价值或价格，而不是劳动的价值或价格 但是，在资产阶级社会的表面上，工人的工资却表现为劳动的价格，表现为对一定量劳动支付的一定量货币。为什么劳动不是商品，没有价值呢？第一，如果说劳动有价值，就与劳动价值论相矛盾。因为商品价值是由生产它所花费的社会必要劳动时间决定的，如果说劳动是商品，本身具有价值，那么，劳动的价值由什么决定呢？由抽象的人类劳动决定？这就等于说劳动的价值由劳动决定，这是无谓的同义反复。第二，如果说劳动有价值，就会与商品交换的原理相矛盾。按照商品交换的一般原理，劳动要作为商品出卖，在出卖以前就必须独立存在。但是，在资本主义制度下，工人的劳动必须与资本家提供的生产资料结合才能进行。劳动是一个过程，而不是商品。劳动力是商品，工人出卖给资本家的是劳动力而不是劳动。第三，如果说劳动是商品，有价值，根据等价交换原理，一定量的劳动，付给一定量的货币。如果是这样，要么是消灭价值规律，要么消灭雇佣劳动制度。因为，如果按等价交换原则，劳动产品就应该全部归工人，那么资本家就榨取不到剩余价值。如果不是等价交换，就直接违反价值规律。第四，在市场上，工人出卖的是劳动力而不是劳动。因为，劳动在出卖以前并不是一个现实存在，劳动只有在资本家购买到了劳动力之后，才能开始。当劳动开始时，它已经属于资本家了，所以，劳动不可能当作商品在市场上出卖。

2. 工资使劳动力的价值或价格表现为劳动的价值或价格 因为，工资是资本家在工人已经劳动之后，按工作时间或提供的产品数量规定的。所以，劳动力的买卖表现为劳动的买卖；劳动力商品表现为劳动商品；劳动力的价值或价格表现为劳动的价值或价格；工人只取得必要劳动价格表现为全部劳动报酬；剥削关系表现为平等关系。

3. 工资形式掩盖了必要劳动和剩余劳动、有偿劳动和无偿劳动的区别

事实上，工资只是劳动力的价值或价格，劳动力价值只是在必要劳动时间生产出来的。但是，在资本主义生产方式下，工资的形式消灭了工作日分为必要劳动和剩余劳动、分为有偿劳动和无偿劳动的一切痕迹。全部表现为有偿劳动。

4. 工资形式掩盖了资本主义的真实关系 第一，工资掩盖了劳动力特殊商品买卖的资本主义关系。资本和劳动的交换表现为：资本家付给工人工资，工人为资本家劳动。从表面上看这两者好像具有同等意义。正是这一现象，掩盖了劳动力特殊商品买卖的资本主义实质。第二，工人的工资是在工人出卖劳动力之后，在资本家的工厂里进行劳动才被支付的，因而，在人们看来，工资不像是劳动力的价格，而是劳动的报酬。第三，工人提供给资本家的使用价值，不是他的劳动力，而是他的劳动力的职能——劳动。人们往往看不到这一点，也就把剩余价值的秘密掩盖了。第四，在工资形式下，工人和资本家都看不出劳动力和工资的关系。在工人看来，在劳动时间不变的情况下，劳动力价值或价格的变动，直接表现为劳动的价值或价格的变动。在资本家看来，他实际上所关心的只是劳动力的价格和劳动力执行职能时所创造的价值之间的差额。第五，在计时工资的情况下，劳动时间越长，工资就越多；劳动时间越短，工资就越少。这样就产生了错觉：工资好像是根据劳动多少而支付报酬的。另外，从事同一劳动的各种工人之间，工资有差别，这好像是：工资的差别是由于个人提供的劳动量不等而产生的，工资好像变成了劳动报酬了。

5. 劳动力的价值或价格与劳动的价值或价格（工资）是本质与现象的关系 工资是劳动力价值或价格的转化形式，它反映的是资本主义生产方式下，资本家剥削工人的雇佣劳动关系。

计时工资曲线①

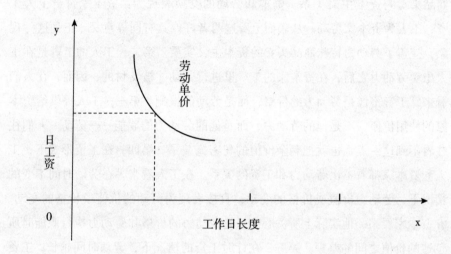

①　资本主义生产方式下，工资的形式各种各样，但基本的形式有两种：计时工资和计件工资。《资本论》第一卷 第六篇 第十八章马克思对"计时工资"进行了专门论述。图中的横坐标 X 为工作日长度，纵坐标 Y 为日工资。劳动单价在日工资基本一定的情况下工作日越长单价越低，在工作日长度一定的情况下，日工资越高，劳动单价越高，否则相反。

"计时工资曲线"解读

1. 计时工资和计件工资　计时工资是指按照劳动者的工作时间来计算工资的一种方式。计时工资可分为：周工资制、日工资制和小时工资制。计时工资制是按照工人的技术熟练程度、劳动繁重程度和工作时间的长短来计算和支付工资的一种分配形式。它由两个因素决定：一是工资标准；二是实际工作时间。计件工资是按照工人生产的合格品的数量（或作业量）和预先规定的计件单价，来计算报酬的一种工资形式。它不是直接用劳动时间来计量，而是用一定时间内的劳动成果——产品数量或作业量来计算，因此，它是间接用劳动时间来计算的，是计时工资的转化形式。

2. 名义工资和实际工资　名义工资即货币工资，是指工人出卖劳动力所得到的货币数量。实际工资是指工人用货币工资实际买到的各类生活资料和服务的数量。名义工资和实际工资有密切的联系，在其他条件不变的情况下，两者变动是一致的，即名义工资越高，实际工资也就越高，反之亦然。但两者的变动也经常不一致，即名义工资不变甚至提高，而实际工资却可能降低，这是因为，实际工资的水平不仅取决于货币工资的高低，还取决于物价的高低。如果名义工资不变，物价上涨，或者名义工资的提高赶不上物价上涨的速度，实际工资就会下降。资本主义工资的变动趋势是：名义工资一般呈上升趋势，实际工资有时提高有时降低。由于劳动生产率的提高比实际工资提高得更快，因而在实际工资提高的同时，剥削程度仍会加重。

3. 工资总额、劳动价格、工作日长度　在计时工资条件下，工资总额、劳动价格、工作日长度的关系必须联系起来考察。第一，在日工资、周工资等不变的情况下，如果延长工作日就会降低劳动价格。这就是说，在日工资不变的情况下，资本家可以用延长工作日的办法，降低劳动价格，从而加强对工人的剥削。第二，在日工资、周工资等提高的情况下，如果延长工作日，劳动价格仍可以保持原状。这就是说，在工资总额提高的情况下，由于工作日的延长，劳动价格可以不变，但工人受的剥削程度没有减轻。第三，在日工资、周工资等提高的情况下，如果把工作日延长到一定点以上，劳动价格还会下降。这就是说，即使日工资有所提高，但如果工作日过度延长，劳动价格还会下降。资本家对工人的剥削还会加强。

4. 计时工资及其规律：计时工资曲线 计时工资的一般规律，如计时工资曲线所示：如果日劳动、周劳动等的量一定，那么日工资或周工资就取决于劳动价格，而劳动价格本身或者是随着劳动力的价值而变化，或者是随着劳动力的价格与其价值的偏离而变化。反之，如果劳动价格已定，那么，日工资或周工资就取决于日劳动或周劳动的量。总之，在日工资或周工资确定的情况下，工作日越长，劳动价格就越低，从而工资就越低。

5. 计时工资规律对工人所产生的结果 （1）劳动价格越低，工人为了得到低微的工资，维持最低的生活水平，就必须延长工作日，增加劳动量，用马克思的话说，就是劳动价格的低廉，刺激劳动时间的延长。（2）劳动时间的延长反过来又会引起劳动价格的下降，从而引起日工资或周工资的下降。

计件工资曲线[①]

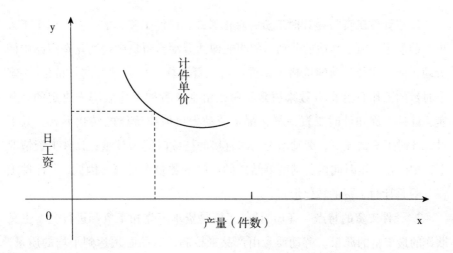

① 在《资本论》第一卷 第六篇 第十九章 马克思对"计件工资"进行了专门论述。计件工资曲线就是根据马克思的计件工资理论描绘的。图中的横坐标 X 代表工人生产的产品件数，纵坐标 Y 代表日工资。曲线代表计件单价，如果日工资基本确定，工人一天生产的产品件数越多，单位产品的计件工资越低，否则越高。如果一天生产的产量基本确定，那么，计件单价越高日工资也就越高，否则相反。

"计件工资曲线"解读

1. "计件工资"是计时工资的转化形式　计件工资，乍一看，似乎工人出卖的使用价值不是他的劳动力的职能即活劳动，而是已经物化在产品中的劳动，似乎这种劳动的价格不是像计时工资那样，由劳动力的日价值/一定小时数的工作日这个分数来决定，而是由生产者的工作效率来决定的。其实，计件工资和计时工资一样，都是劳动力价值或价格的转化形式。只不过，计时工资情况下，劳动由劳动的直接的持续时间来计量；计件工资情况下，则由在一定时间内劳动所凝结成的产品的数量来计算。因此，"计件工资"只是计时工资的转化形式。

2. 计件工资的特点　（1）计件工资是资本家克扣工资和进行资本主义欺诈的最丰富的源泉。劳动质量由产品来控制，产品必须达到平均的质量，否则，工资就会被克扣。（2）计件工资是计算劳动强度的尺度。资本家根据经验，计算出一定时间内，在平均的劳动强度下，能生产出多少产品，以此为标准，来确定每一件产品的工资单价，达不到就克扣工资。劳动强度不需要监督，只要通过产品验收就可以。（3）计件工资是资本主义家庭劳动和形成层层剥削压迫的制度基础。一方面，是资本家把活计包给现代家庭劳动，使包工制更加容易实行。另一方面，是通过工头把工作分给工人，由工头招募帮手，于是，资本家对工人的剥削，就通过工人对工人的剥削来实现。（4）计件工资是提高劳动强度、延长工作日的手段。在计件工资条件下，工人为个人利益，增加日工资或周工资，不得不提高劳动强度，延长工作日。而所有这些，都在无形中，降低了劳动价格。（5）计件工资是降低工资水平的手段。由于计件工资是按照产品件数计算工资的，于是，工人为增加个人工资总额，便竞相提高劳动效率，增加产品件数，资本家恰恰利用了这一点，在提高个别工资的基础上，压低了工资的整体水平。因此，马克思说，计件工资有一种趋势，就是在把个别工资提高到平均水平以上的同时，把这个水平本身降低了。总之，计件工资是最适合资本主义生产方式的工资形式。

3. 计件工资的运动规律：计件工资曲线　资本主义计件工资的规律是：计件工资的下降是与同一时间内所生产的产品数量的增加成比例的，从而是与耗费在同一产品上的劳动时间的减少成比例的。就是说，随着劳动生产率的提高，一定时间内生产的物品增多了，每一件物品所代表的劳动时间就减少了，因此每一件产品的工资单价也就降低了。劳动生产率越高，计件工资就越低。

简单再生产图①

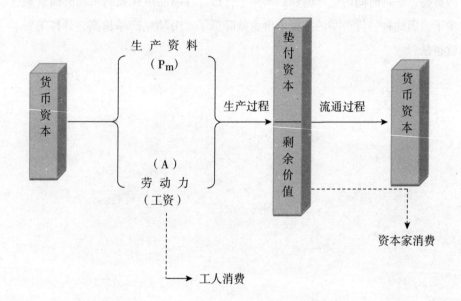

---

① "简单再生产图"的依据是《资本论》第一卷 第七篇 第二十一章 简单再生产。马克思把资本积累分为：简单再生产和扩大再生产。资本主义生产的特征是扩大再生产。马克思之所以研究简单再生产，是因为简单再生产是扩大再生产的基础和出发点。

"简单再生产图" 解读

1. 再生产与简单再生产 一个社会不能停止消费，同样，它也不能停止生产。因此，每一个生产过程，从经常的联系和它不断更新来看，同时也就是再生产过程。如果生产过程在原有的规模上重复进行，那就是简单再生产。生产的条件同时也就是再生产的条件。

2. 资本主义的再生产和简单再生产 在资本主义生产方式下，劳动过程只表现为价值增殖过程的手段，同样，再生产也只表现为把预付价值作为资本即作为自行增殖的价值来再生产的手段。生产具有资本主义的形式，再生产也就具有同样的形式。如果资本家把剥削来的剩余价值全部用于个人消费，生产在原有规模上重复进行，那就是资本主义的简单再生产。

3. 可变资本的再生产 如果把资本主义生产当作孤立的过程来考察，似乎资本家支付给工人的工资是由资本家预付的，只有资本家将工人生产的产品卖出去之后，才能把这部分预付的可变资本收回来。其实，这是个假象。如果我们把资本主义的生产过程当作一个连续不断的再生产链条来考察，就会发现"工人今天的劳动或下半年的劳动是用他上星期的劳动或上半年的劳动来支付的。"由此可见，作为工资而预付给工人的可变资本是由工人自己生产出来的。

4. 全部资本的再生产 如果一个资本家把1000镑资本投入生产，每年创造剩余价值200镑，用于资本家个人消费，五年之后，消费1000镑，手里还有1000镑。如果资本家每年消费的是自己的资本，那么，他手里的这1000镑就是剩余价值的积累。所以，从再生产过程来考察，资本家所投资的全部资本都是由剩余价值转化而来的，都是雇佣工人创造的。由此可见，不是资本家养活工人，而是工人养活资本家。

5. 雇佣工人的再生产 （1）雇佣工人的再生产是资本主义再生产必不

可少的条件。在资本主义制度下，工人不断地把产品当作资本，当作剥削和统治自己的权利来生产，而资本家同样不断地把工人当作雇佣工人来生产，使工人继续保持了劳动力之外一无所有的状态，以便源源不断地提供劳动力，保证资本的继续再生产。由此可以说，资本主义的再生产，同时就是雇佣工人的再生产。（2）工人的个人消费是资本主义再生产的一个要素。工人的消费有两种：一种是个人消费，一种是生产消费。从表面上看，生产消费属于资本家，个人消费属于工人自己。但是如果从资本家阶级和工人阶级来考察，工人的个人消费，是为资本家再生产劳动力的一种必要的手段。"把资本用来交换劳动力的生活资料在转化为可供资本重新剥削的劳动力，这种消费是资本家最不可少的生产资料即工人本身的生产和再生产。"① 资本家对待工人，就像饲养役畜，不是为了役畜的享受，而是为了使用它。（3）从社会角度看，工人是资本的附属物。"工人的个人消费对他自己来说是非生产的，因为这种消费仅仅是生产贫困的个人；而对资本家和国家来说是生产的，因为它生产了创造别人财富的力量。"②

6. 资本主义生产关系的再生产　如果把资本主义生产过程联系起来考察，我们会发现：资本主义生产过程作为再生产过程，不仅生产商品，不仅生产剩余价值，而且生产和再生产资本关系。资本主义再生产，既是物资资料的再生产，也是资本主义生产关系的再生产。

---

① 马克思. 资本论：第一卷［M］. 北京：人民出版社，1975：628.
② 马克思. 资本论：第一卷［M］. 北京：人民出版社，1975：629.

扩大再生产（资本积累）图①

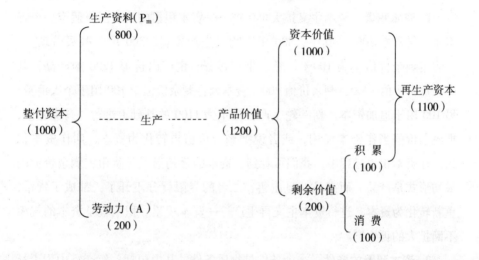

---

① 马克思在《资本论》第七篇 第二十二章 剩余价值转化为资本，第一节首先论述的是"规模扩大的资本主义生产过程"。这里马克思对扩大再生产——资本积累进行了专门论述。

"扩大再生产（资本积累）图"解读

1. 资本积累 资本主义扩大再生产——资本积累的路线图：假定一个资本家垫付资本 1000，其中，800 用于购买生产资料，200 用于购买劳动力。再假定剩余价值率为 100%，经过生产过程，生产出价值 1200 的产品，其中，资本价值 1000，剩余价值 200。资本家将剩余价值中 100 用于个人消费，另 100 用于追加资本。新一轮生产在资本为 1100 的基础上进行。马克思说，把剩余价值当作资本使用，或者说把剩余价值再转化为资本，叫作资本积累。在资本积累过程中，我们可看到：资本的最初形式是货币，剩余价值的最初形式是产品。而产品一旦出售，二者的界限就分不开了，都成了货币，重新转化为资本，进行资本主义再生产——资本积累。积累就是资本的规模不断扩大的再生产。

2. 资本积累的条件 一个条件是物质条件，其中包括：年产品中用于补偿该年已经消耗的生产资料；供给工人所需的生活资料；年产品除去这两部分后，留下的就是剩余产品。要进行资本积累，这部分剩余产品又可分成追加的生产资料和生活资料。另一个条件是劳动力。要扩大再生产，除了必须有追加的生产资料和生活资料外，资本家还需要追加劳动。资本家只要把工人阶级每年向他提供的各种年龄的追加劳动力同已经包含在年产品中的追加生产资料合并起来，剩余价值向资本的转化就完成了。

3. 追加资本的来源 资本家最初垫付的资本 1000，从哪里来的？资产阶级经济学家说是通过所有者本人的劳动和他的祖先的劳动得到的。马克思明确指出：从简单再生产来考察，资本家所投资的全部资本都是由剩余价值转化而来的，都是雇佣工人创造的。不是资本家养活工人，而是工人养活资本家。从资本原始积累来考察，资本家是"用被征服者那里掠夺来的货币去购买被征服者的商品"。这种交换可能是以"十足的价格来购买"，也可能是

"用等价物交换等价物"，但是这些都是征服者的"老把戏"。从资本积累来考察，追加资本 100，是资本化了的剩余价值，"它一开始就没有一个价值原子不是由别人的无偿劳动生产的。"① "工人阶级总是用他们这一年的剩余劳动创造了下一年雇用追加劳动的资本。"② 资本家积累得越多，就越能更多地积累。

4. 商品所有权规律转变为资本主义占有规律　商品所有权规律是指在简单商品生产条件下，商品生产者既是生产资料的所有者，又用自己的劳动生产产品，并占有自己的劳动产品，劳动和产品所有权是统一的。资本主义占有规律是指在资本主义制度下，资本家凭借其对生产资料的占有而无偿占有工人创造的剩余价值的必然性。商品所有权规律转变为资本主义占有规律，就是表面上的劳动力买卖，形式上的等价交换，转化为内容上的剩余价值资本化，实质上的资本家无偿占有雇佣工人的剩余劳动，通过资本积累的方式，不断地扩大资本和剩余价值规模。正因为如此，马克思说，商品生产按自己本身内在的规律越是发展成为资本主义生产，商品生产的所有权规律也就越是转变为资本主义的占有规律。而这一转变不是违背了商品生产规律，而是应用了商品生产规律。

①　马克思．资本论：第一卷［M］．北京：人民出版社，1975：638.
②　马克思．资本论：第一卷［M］．北京：人民出版社，1975：639.

资本有机构成图①

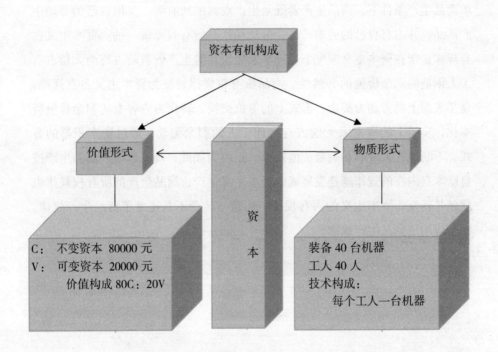

资本有机构成

价值形式

物质形式

资本

C： 不变资本 80000 元
V： 可变资本 20000 元
　　价值构成 80C：20V

装备 40 台机器
工人 40 人
技术构成：
　　每个工人一台机器

---

① "资本有机构成图"的依据是《资本论》第一卷 第七篇 第二十三章 第一节 "资本构成不变，对劳动力的需求随积累的增长而增长"。

"资本有机构成图" 解读

1. 资本的价值构成、资本的技术构成、资本的有机构成　资本的构成，从价值方面看，资本构成是由资本分为不变资本和可变资本的比率，或者说分为生产资料价值和劳动力的价值及工资总额的比率来决定的。从物质方面看，每一个资本都分为生产资料和活的劳动力，这种构成是由所使用的生产资料量和为使用这些生产资料而必需的劳动量之间的比率来决定的。马克思把前一种构成叫作资本的价值构成，把后一种构成叫作技术构成。由技术构成决定并反映技术构成变化的资本价值构成，叫作资本的有机构成。如图所示，资本的价值构成是 80C＋20V；资本的技术构成是每一个工人使用一台机器。不同的资本，其资本构成不同，不同的生产部门资本构成也不相同，把一切生产部门的平均构成加以总平均，就得出一个国家的社会资本的构成。

2. 可变资本、工资水平、劳动力供求、资本积累　假定资本构成不变，随着资本的增长，可变资本也会相应增长。如果工资水平不变，就会雇佣较多的工人。在劳动力需求超过供给的情况下，就会引起工资提高。工人工资的提高，不仅不会妨碍资本积累，相反，还要保证资本主义的扩大再生产。积累——扩大再生产在更大规模上扩大了资本关系：一极是更多或更大的资本家，另一极是更多的雇佣工人。

资本主义积累的一般规律结构图①

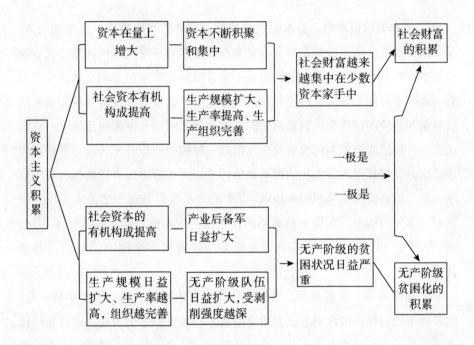

① 马克思的资本主义积累理论集中体现在《资本论》第一卷 第七篇 第二十三章 第四节 "相对过剩人口的各种材质形式，资本主义积累的一般规律"。

"资本主义积累的一般规律结构图" 解读

资本主义积累的一般规律是马克思在研究资本积累、资本积聚和集中，资本有机构成不断提高和产业后备军出现的基础上，提出的非常重要的结论。

随着资本不断地积聚和集中，资本总量在不断增大，社会资本有机构成在不断提高，资本家用于购买劳动力的可变资本在相对减少，因而对劳动力的需求在相对缩小，于是便出现了相对过剩人口和产业后备军，这是资本主义发展的必然结果，是资本主义发展的客观规律。因此，马克思说："社会的财富即执行职能的资本越大，它的增长规模和能力越大，从而无产阶级的绝对数量和他们的劳动生产力越大，产业后备军也就越大。可供支配的劳动力同资本膨胀一样，是由同一些原因发展起来的。因此，产业后备军的相对量和财富的力量一同增长。但是同现役劳动军相比，这种后备军越大，常备的过剩人口也就越多，他们的贫困同他们所受的劳动折磨成反（正）比，最后，工人阶级中贫困阶层和产业后备军越大，官方认为需要救济的贫民也就越多。这就是资本主义积累的绝对的、一般的规律。"①

资本主义积累的一般规律，就是资本主义发展的客观规律。马克思说，特殊的资本主义的生产方式随着资本积累而发展，资本积累又随着特殊的资本主义生产方式而发展。随着资本主义的发展，一极是财富的积累，即社会财富越来越集中在少数资本家手中；另一极是贫困的积累，即无产阶级的贫困状态越来越严重。这就是资本主义积累的一般规律。

---

① 马克思. 资本论：第一卷 [M]. 北京：人民出版社，1975：707.

资本积累和人口相对过剩图①

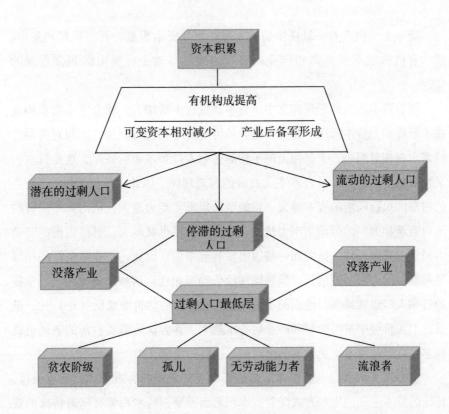

---

① 马克思在《资本论》第一卷 第七篇 第二十三章 第二节、第三节、第四节论述了资本积累、资本有机构成提高和相对人口过剩这三个重要范畴。

"资本积累和人口相对过剩图" 解读

1. 资本积累、资本技术构成提高、可变资本相对减少 伴随着资本积累，劳动生产率在提高，资本技术构成在提高，表现为劳动的量比他所推动的生产资料的量相对减少，反映在资本的价值上，即资本价值的不变部分靠减少它的可变部分而增加。在其他条件不变的情况下，可变资本的相对减少就意味着对劳动力的需求在相对减少。相对过剩人口就是在这种情况下产生的。

2. 资本积累的途径：资本积聚和资本集中 资本积聚：每一个资本通过剩余价值的资本化，不断地进行资本积累，这种积累随着执行资本职能的财富数量的增多，而扩大这种财富在单个资本家手中的积聚，从而扩大大规模生产和特殊的资本主义生产方法的基础。社会资本的增长是通过许多单个资本的增长来实现的。这种直接以积累为基础的或者说和积累等同的过程，就叫做资本积聚。资本集中：资本集中则是另外一种形式，在资本积聚的基础上，个体独立性的消灭，资本家剥夺资本家，许多小资本变成少数大资本，社会财富在向少数资本家集中。资本集中，一靠竞争、二靠信用。资本积聚和资本集中的区别在于：资本积聚可以增加社会财富总量，而资本集中只是社会财富的重新组合；资本积聚是靠不断积累——剩余价值资本化，资本经营规模扩大的速度较慢，而资本集中是在"一夜之间集合起来的资本量"，因此，它的速度更快。

3. 资本主义生产方式所特有的人口规律 每一种特殊的、历史的生产方式都有其特殊的人口规律。工人人口本身在生产出资本积累的同时，也以日益扩大的规模生产出使他们自身成为相对过剩人口的手段。这就是资本主义生产方式所特有的人口规律。过剩的工人人口是资本积累或资本主义基础上的财富发展的必然产物。这种过剩人口反过来又成为资本主义积累的杠杆，甚至于成为资本主义生产方式存在的一个条件。过剩的工人人口形成一支可供支配的产业后备军。"劳动生产力越是增长，资本造成的劳动供给比资本对工人的需求越是增加得快。工人阶级中就业部分的过度劳动，扩大了它的后备军的队伍，而后者通过竞争加在就业工人身上的增大的压力，又反过来迫使就业工人不得不从事过度劳动和听从资本的摆布。"[①]

4. 相对过剩人口的各种存在形式 （1）流动的过剩人口：在现代工业中心，工人时而被排斥，时而被吸收，即时而失业，时而就业，处于流动的状态。（2）潜在的过剩人口：主要是农业中的过剩人口。"一部分农村人口经常准备着流入城市无产阶级或制造业无产阶级的队伍，经常等待着有利于这种转化的条件。"[②] （3）停滞的过剩人口：现役劳动军的一部分，就业极不规则。它为资本提供了一个劳动力蓄水池。其特点是劳动时间最长而工资最低。它的主要形式是家庭劳动。

5. 相对过剩人口的最底层： 贫农阶级、孤儿、流浪者、无劳动能力者。

---

① 马克思．资本论：第一卷［M］．北京：人民出版社，1975：697－698．
② 马克思．资本论：第一卷［M］．北京：人民出版社，1975：704．

资本的积聚和集中图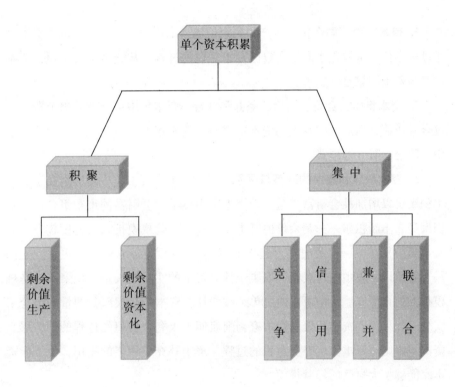①

———————————

① 马克思关于"资本的积聚和集中"的论述主要集中在《资本论》第一卷 第七篇 第二十三章 第二节"在积累和伴随积累的积累的进程中资本可变部分相对减少"。单个资本积累有两种形式：资本积聚和资本集中。

121

"资本的积聚和集中图" 解读

1. 资本积聚：剩余价值生产和剩余价值资本化　资本积聚是单个资本家通过剩余价值资本化不断增大自己资本规模的过程。从这个意义是说，资本积聚与资本积累是一回事。

2. 资本集中：竞争、信用、兼并和联合　资本集中是分散的单个资本通过合并或兼并而形成的较大的资本的过程。资本集中的方式包括：竞争、信用、联合、兼并等形式。

3. 资本积聚和集中的联系与区别　资本积聚和资本集中的区别在于：资本积聚可以增加社会财富总量，而资本集中只是社会财富的重新组合；资本积聚是靠不断积累——剩余价值资本化，资本经营规模扩大的速度较慢，而资本集中是在"一夜之间集合起来的资本量"，因此，它的速度更快。正如马克思所讲，集中的进展绝不取决于社会资本的实际增长量。积聚不过是规模扩大的再生产。集中可以通过单纯改变社会资本个组成部分的量的组合来实现。如果说，资本积聚是资本家剥削雇佣工人剩余价值的过程的话，那么资本集中则是资本家剥夺资本家的过程。集中补充了积累的作用，使工业资本家能够扩大自己的经营规模。

资本主义积累的历史趋势图①

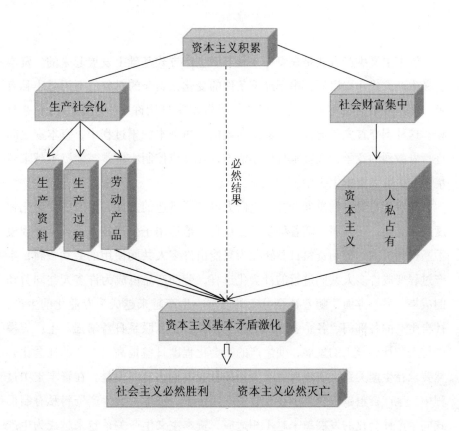

———————————

① 马克思在《资本论》第一卷 第七篇 第二十四章 第7节 资本主义积累的历史趋势中对资本主义的产生、发展和消亡进行了概括论述。虽然篇幅不长，但十分重要。在这里马克思揭示了资本主义积累的大趋势"三大剥夺"和"一个重建"即"资本家对劳动者的剥夺，资本家对资本家的剥夺，人民对资本家的剥夺"，"重建个人所有制"。

"资本主义积累的历史趋势图"解读

资本主义生产方式是在剥夺小私有制生产方式基础上发展起来的。资本主义生产方式建立以后,由于经济条件的变化,剥夺的对象已不再是小私有者,而是资本对资本的剥夺,即"一个资本家打倒许多资本家"的剥夺过程。这种剥夺首先是通过资本集中实现的。在资本积累过程中,资本家之间进行着激烈的竞争,大资本打倒小资本,吞并或控制小资本,使资本越来越集中在少数大资本家手中。

随着资本集中的发展,社会生产力也有了迅速的发展,生产的社会化程度越来越高。一方面,随着科学日益被自觉地运用于生产技术上,生产规模不断得到扩大,劳动资料日益转化为只能由许多人共同使用的劳动资料,生产过程变成许多人共同进行的社会化过程,劳动产品也成为许多人共同劳动的成果。另一方面,随着社会分工的发展,生产越来越成为专业化的生产,社会生产的各部门、各企业之间的相互依赖、相互联系日益增强。生产规模的扩大和社会分工的发展,使生产的社会化程度日益提高。生产的社会化必然要求在生产关系上实现对生产资料的社会共同占有。但是,在资本集中过程中,生产资料越来越集中在少数资本家手中,资本主义生产资料私有制形式同生产社会化的发展越来越不相适应,资本主义生产关系越来越成为生产力发展的桎梏,资本主义的基本矛盾即生产的社会化和生产资料的资本主义私人占有之间的矛盾日益加剧,从而生产资料公有制代替资本主义私有制成为历史发展的必然趋势。

资本积累过程表明,资本主义的发展必然导致资本主义基本矛盾的尖锐化,从而为它自身的灭亡准备了物质条件。"生产资料的集中和劳动的社会化,达到了同它们的资本主义外壳不能相容的地步。这个外壳就要炸毁了。资本主义私有制的丧钟就要响了。剥夺者就要被剥夺了。"资本主义私有制必然被社会主义公有制所代替，这就是资本主义积累的历史趋势。①

正如马克思所说，"从资本主义生产方式产生的资本主义占有方式，从而资本主义的私有制，是对个人的、以自己劳动为基础的私有制的否定。但资本主义生产由于自然过程的必然性，造成了对自身的否定。这是否定的否定。这种否定不是重新建立私有制，而是在资本主义时代的成就的基础上，也就是说，在协作和对土地及靠劳动本身生产的生产资料的共同占有的基础上，重新建立个人所有制。"②

---

① 马克思. 资本论：第一卷［M］. 北京：人民出版社，1975：831 - 832.
② 马克思. 资本论：第一卷［M］. 北京：人民出版社，1975：832.

资本的原始积累图①

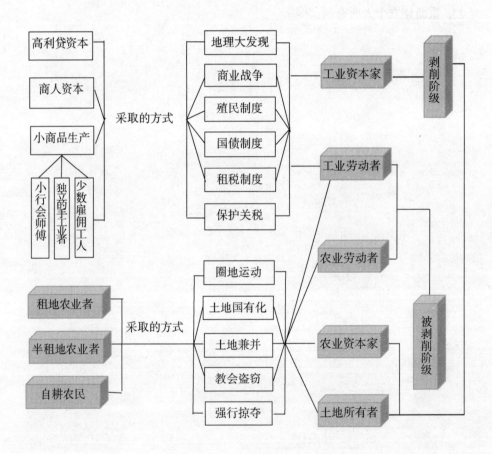

---

① 马克思在《资本论》第一卷 第七篇 第二十四章"所谓原始积累"中,揭示了原始积累的秘密和实质,阐明了最初的资本从何而来,最初的资本关系是如何建立的。

"资本的原始积累图" 解读

1. 原始积累的实质 资本家最初绝不是"勤俭起家",资本原始积累的方法绝不是田园诗式的东西,"在真正的历史上,征服、奴役、劫掠、杀戮,总之,暴力起着巨大的作用。"① 原始积累就是原始剥夺,就是用暴力和掠夺的方式,迫使劳动者与生产资料相分离的过程。如圈地运动、土地国有化、土地兼并、教会盗窃等强行掠夺方式,使得租地农业者、半租地农业者和自耕农逐渐变为农业劳动者。与土地相联系形成了土地所有者、农业资本家和农业劳动者三大阶级。

2. 原始积累的方式 封建社会末期,从小商品生产者的分化中产生出了生产资料所有者和雇佣工人。这些生产资料所有者与高利贷资本和商业资本对雇佣工人的剥削,形成了资本主义生产方式。如果按照资本积累的方式推进,资本主义的发展将是十分缓慢的,于是资本尤其是工业资本与国家权力相结合,采取暴力的手段,加快资本原始积累的进程。在这个进程中,资本对农业生产者即农民的土地的剥夺是原始积累全部过程的基础。宗教改革和随之而来的对教会地产的大规模的盗窃,对公有地的掠夺,以及把工人的工资强制地限制在有利于赚钱的界限内,除此之外,新兴资产阶级和资产阶级化的封建贵族,还通过对殖民地人民和本国劳动人民的残酷掠夺积累起大量的货币财富,其主要手段有:推行殖民制度,贩卖黑奴,进行商业战争,发行国家公债,建立现代税收制度和保护关税制度等等。资产阶级用侵略、征服、残杀、掠夺和奴役,写下了资本主义发展史的第一页。原始积累是血与

---

① 马克思. 资本论:第一卷 [M]. 北京:人民出版社,1975:782.

火铸成的编年史。正如马克思所指出的："资本来到世间，从头到脚，每个毛孔都滴着血和肮脏的东西"。①

3. 剥削阶级　农业资本家（来自租地农场主），工业资本家（来自小行会师傅、独立手工业者、少数雇佣工人、高利贷资本所有者、商业资本所有者），土地所有者。

4. 被剥削阶级　农业劳动者（自耕农、雇农）、工业劳动者（雇佣工人）。

---

① 马克思．资本论：第一卷［M］．北京：人民出版社，1975：829.

第二章　资本的流通过程
图表+解读

《资本论》第二卷结构图

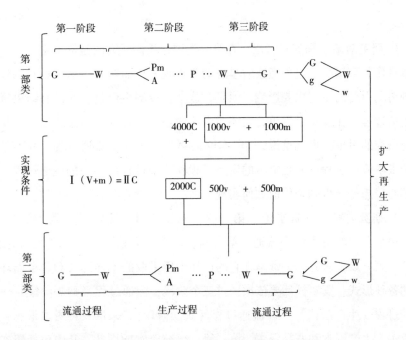

说明：1.《资本论》第二卷是在马克思逝世后的第二年，1885 年由恩格斯编辑整理出版的。

2.《资本论》第二卷的研究对象是资本的流通过程。《资本论》第一卷研究的是资本主义生产过程，但这个直接的生产过程需要由流通过程来补充，而这个流通过程正是第二卷的研究对象。

3.《资本论》第二卷共三篇，二十一章。第一篇、第二篇研究单个资本的循环和周转。第三篇研究社会总资本的再生产和流通。

"《资本论》第二卷结构图" 解读

1. 研究对象　马克思指出，在第一卷中，我们研究的是资本主义生产过程本身作为直接生产过程考察时呈现的各种现象，而撇开了这个过程以外的各种情况引起的一切次要影响。但是，这个直接的生产过程并没有结束资本的生活过程。在现实世界里，它还要由流通过程来补充，而流通过程则是第二卷研究的对象。也就是说，《资本论》第二卷研究的流通过程，并不是单纯的资本流通过程，而是资本的生产过程和流通过程统一中的流通过程。它的核心思想是分析剩余价值如何实现。

2. 研究内容　《资本论》第二卷共三篇 二十一章。第一篇和第二篇，研究单个资本的再生产和流通。第三篇，研究社会总资本的再生产和流通。其中，第一篇，研究单个资本在它的循环中所采取的不同形式和这个循环本身的各种形式。资本循环要依次经过三个阶段：流通过程（购买阶段）——生产过程（生产阶段）——流通过程（售卖阶段），采取三种资本形态：货币资本、生产资本和商品资本。第二篇，研究资本的周转，其中包括资本周转的时间、周转速度、周转方式。第三篇，考察社会总资本在流通过程中各个部分之间的相互关系，两大部类交换及其在简单再生产和扩大再生产的实现条件。

3. 框架结构　为了便于从总体上把握《资本论》第二卷的理论框架和逻辑结构，我们运用马克思所揭示的资本循环公式作为分析的基础：G—W…P…W′—G′。在设计这个框架图时，用了两个资本循环公式，一个代表第一部类（生产资料生产部门），放在顶层，另一个代表第二部类（生活资料生产部门），放在底层，中间层是两大部类的交换，包括产品实现的条件。这样既可以讲清楚单个资本的循环周转，也可以讲清楚社会总资本的流通和再生产。

货币资本的循环图①

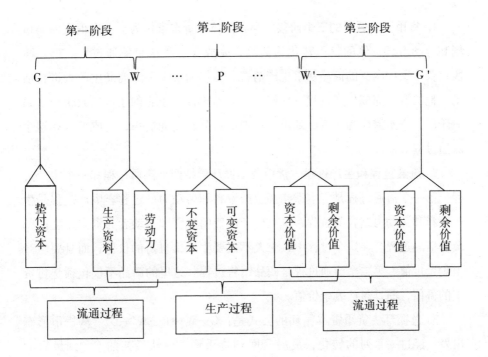

① "货币资本的循环图"的依据是:《资本论》第二卷资本的流通过程 第一篇 资本形态变化 第一章 货币资本的循环。

"货币资本的循环图"解读

1. **货币资本循环的三个阶段** 第一阶段：资本家作为买者出现在商品市场和劳动市场；他的货币转化为商品，完成 G—W 这个流通过程。第二阶段：资本家用购买的商品从事生产消费。他作为资本主义商品生产者进行活动；他的资本完成生产过程。生产出的商品价值大于它的生产要素价值。第三阶段：资本家作为卖者回到市场；他的商品转化为货币，完成 W—G 这个流通过程。

2. **流通过程和生产过程** 货币资本循环包括两个流通过程和一个生产过程。第一个流通过程是资本家购买生产资料和劳动力的过程。生产过程是生产资料和劳动力结合的过程，也是生产消费的过程和劳动者为资本家生产剩余价值的过程。在这个过程中，工人不仅要生产出自身的价值，而且要生产出剩余价值。第二个流通过程是商品销售过程。这里的商品不仅包括垫付资本的价值，而且包括剩余价值。

3. **总循环** 货币资本循环的公式是：$G—W{\cdots}P{\cdots}W'—G'$。从货币形态出发，经过一系列的转化，最后又回到货币形态，从最初的 G，到最后的 G'，货币资本循环的结果是货币带着剩余价值回到货币资本家手中。

"货币资本循环的第一阶段"图解①

　　货币资本循环的第一阶段：G—W 表示一个货币额转化为一个商品额；对于买者来说，是他的货币转化为商品，对于卖者来说，是他的商品转化为货币。货币所购买到的劳动力 A 和生产资料 Pm 不仅有质的区别，而且有量的比例。这种量的关系一开始就是由一定量的工人所要耗费的超额劳动即剩余劳动的量决定的。在生产过程中，资本家提供的生产资料不仅要满足必要劳动时间耗费，而且要满足工人剩余劳动时间耗费。如果生产资料不能满足这个需要，劳动力就会出现停工待料；如果生产资料过多，就会出现物资积压。

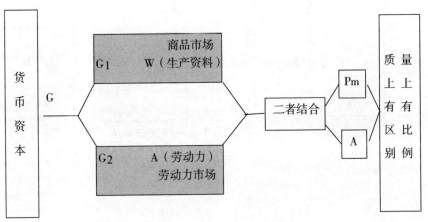

_____

　　① "货币资本循环的第一阶段图解"是依据《资本论》第二卷 第一篇 第一章 货币资本的循环中，第一阶级 G—W 的内容绘制的。详见《资本论》第二卷第32—41 页。

"货币资本循环的第二阶段"图解①

　　货币资本循环的第二个阶段就是生产资本执行职能，就是生产资料和劳动力的结合，劳动者用他的具体劳动转移生产资料的旧价值，用他的抽象劳动创造新价值，这里的 W′ 既包括原有的资本价值，也包括新创造的剩余价值。

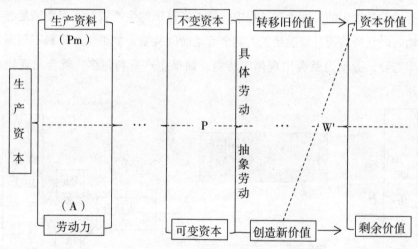

---

　　① "货币资本循环的第二阶段图"是依据《资本论》第二卷 第一篇第一章 货币资本的循环中第二阶段生产资本的职能绘制的，详见《资本论》第二卷第41—45页。

货币资本循环的第三阶段图①

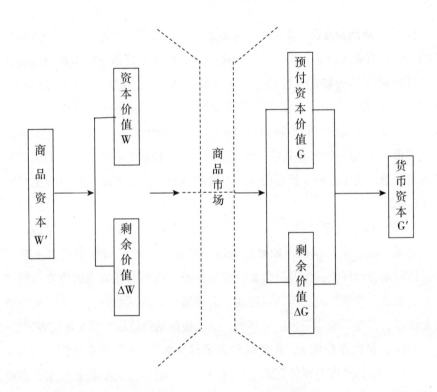

———————————

① "货币资本循环的第三阶段图"的依据是《资本论》第二卷 第一篇 第一章 货币资本的循环中的第三阶段 W′—G′。详见《资本论》第二卷第46—74 页。

"货币资本循环的第三阶段图"解读

1. W′：商品和商品资本　什么是商品资本？直接由资本主义生产过程创造的，包含有资本价值和剩余价值的商品，就是商品资本。资本在商品形式上执行的是商品的职能，即销售：W′—G′。W′既是商品，也是商品资本。在 W′—G′过程中，商品的使用性质没有发生变化，商品的价值也没有发生变化，它只是作为使用物品转到买者手中，发生变化的只是存在形式：商品变成货币。W′是一种价值关系，即商品产品的价值和生产它所消耗的资本的价值的关系，表示它的价值是由资本价值和剩余价值构成的。W′ = W + ΔW，G′ = G + ΔG。

2. W′—G′　这个过程实际上是 W—G 的过程，即商品转化为货币，卖掉。这是一次惊险的跳跃，如果已经增值的资本依然保留在商品资本形式上，即滞留在市场上，生产过程就会被迫中断。如果商品流通的速度放慢或加速，那么生产规模就会不同程度地扩大或缩小。我国的社会主义市场经济体制改革，就是不断地完善这个环节，以保证商品价值的顺利全额实现。

3. G′：包含着 G 和 g，其中 G 代表预付资本，g 代表剩余价值　在再生产过程中，G 仍然作为预付资本投入流通，g 可能作为资本积累起来，也可能进入资本家的个人消费。G′既有量的关系：G′ > G，G′—G = M；G′又有质的关系：G 不仅仅是单纯的货币，而且是货币资本，g 是 G 果实。G′本身是货币，没有概念，但是作为资本形式与第一阶段的 G 不同。

4. W′与 G′的共同点　都是已经增殖的价值形式。但形式不同：一个是商品形式，一个是货币形式。职能不同：一个执行商品职能，一个执行货币职能。

5. 总循环与产业资本　G— W…P… W′—G′资本价值在流通阶段采取货币资本形式和商品资本形式，在生产阶段采取生产资本形式，在总循环过程中依次采取而又抛弃这些形式并在每一个形式中执行相应职能的资本，就是产业资本。资本循环，只有不停地从一个阶段转入另一个阶段，才能正常进行。如果在第一个阶段停顿下来，货币资本就凝结为贮藏货币；如果在第二阶段停顿下来，一方面生产资料会闲置，另一方面劳动力会失业；如果在第三阶段停顿下来，商品卖不出去而堆积起来，流通会阻塞。循环本身又要求资本在各个循环阶段上固定一定的时间。只有在完成一种形式的职能之后，才能进入新的阶段，执行新的职能。不能停止，又不能不停，运动与固定，对立统一，时间上的继起性和空间上的并存性是产业资本运动的特征。

生产资本循环（简单再生产）图解①

1. 生产资本的循环　生产资本循环的总公式是：$P \cdots W'—G'—W \cdots P$。这个循环表明生产资本职能的周期更新——再生产，它不仅表示资本价值的再生产，而且表示剩余价值的周期再生产；它本身处在生产形式上的产业资本不是执行一次职能，而是周期反复地执行职能。生产资本循环与货币资本循环的区别在于：一是媒介不同，货币资本循环 $G—W \cdots P \cdots W'—G'$ 中，生产过程是两个流通过程的媒介；而在生产资本循环中 $P \cdots W'—G'—W \cdots P$ 中，流通过程是两个生产过程的媒介。二是流通形式不同。$G——G'$ 总流通过程表现为 $G—W—G$；$P—P$ 总流通表现为 $W—G—W$。

2. 生产资本的简单再生产　假定：商品按照它们的价值买卖，全部剩余价值进入资本家个人消费。

生产资本循环的详细公式

3. 生产资本的循环包括这两种消费：生产消费和个人消费

4. 生产资本循环与危机　在资本主义条件下，生产资本循环要想顺利进行，必须依次顺利通过各个阶段，顺利进行资本形态的转化，其中 $W'—G'$

---

① 生产资本循环（简单再生产）图的依据是《资本论》第二卷 第一篇 第二章 生产资本的循环。本章有四节，本图是选自简单再生产。图解是依据本节的内容概括的。详见《资本论》第二卷第76—91页。

是个关键性的阶段。如果商品卖不出去，或者只是表面进入消费，而实际并未进入消费，就会产生危机。资本家把商品卖给批发商，在商品价值最终实现之前，他又重新投入生产。一方面，商人手中的商品卖不出去，而支付期已到，无力再买；另一方面，企业还在继续生产，于是就爆发了产品过剩的经济危机。

5. 生产资本循环中的正常贮备和非正常贮备　为了使生产正常进行，必须有一部分货币处于准备金状态，这种为生产而贮备的货币叫作正常贮备。相反，由于市场状况发生变化，商品奇缺，货币转化不成商品，不得不终止购买行为，货币不得不贮备起来，这叫作非正常贮备。非正常贮备是自愿贮备，而正常贮备是非自愿贮备。

生产资本循环（扩大再生产）图解①

1. 积累和规模扩大的再生产 生产过程可能扩大的比例不是任意规定的，而是由技术规定的，只有经过若干次剩余价值资本化，才能达到一定的规模。也就是说，剩余价值凝结为贮藏货币，只有达到一定数量，才能作为追加资本，进入生产和再生产过程。积累和扩大再生产是剩余价值生产不断扩大，从而资本家发财致富的手段。

2. 生产资本循环公式：

$$P - W' \left\langle \begin{matrix} W \\ + \\ \Delta W \end{matrix} \right\rangle - G' \left\{ \begin{matrix} G - W \left\{ \begin{matrix} Pm \\ + \quad \cdots \quad P \\ A \end{matrix} \right. \\ + \\ g \left\{ \begin{matrix} g_1 - \Delta W_1 \left\{ \begin{matrix} \Delta Pm \\ + \quad \cdots \quad P \\ \Delta A \end{matrix} \right. \\ g_2 - \Delta W_2 \end{matrix} \right. \end{matrix} \right\} P'$$

P—生产资本；G—货币资本；W'—含有剩余价值的商品资本；P'—含有剩余价值的生产资本；ΔW—剩余价值的商品形态；ΔW_1—用于扩大再生产的追加商品；g —剩余价值的货币形态；ΔPm—用于扩大再生产的生产资料；g_1—剩余价值用于追加再生产的部分；ΔA—用于扩大再生产的劳动力；g_2—剩余价值用于资本家消费的部分；ΔW_2—资本家的个人消费品。

---

① 生产资本循环（扩大再生产）图是依据《资本论》第二卷 第一篇第二章 生产资本的循环中的 2 ~ 4 节内容整理的。详见《资本论》第二卷第91—100页。

3. 货币积累　把剩余价值转化为资本，要有一个过程。剩余价值以货币的形式贮藏再次积累到一定的量，才能执行资本职能，才能投资于另一个新建的独立的企业，或者用于扩大原有的企业。为扩大再生产而贮藏的货币，是潜在的货币资本。

4. 准备金　作为剩余价值存在形式的贮藏货币，是货币积累基金，是资本积累暂时具有的货币形式，是资本积累的条件，是一种救急的临时措施。

商品资本循环图解[①]

1. 商品资本循环（简单再生产）公式：

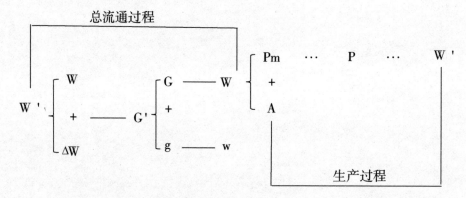

2. 商品资本循环（扩大再生产）公式：

3. 商品资本循环的特征： 首先，作为起点的 W'，既包含预付资本价值的那部分产品的运动，又包含形成剩余价值的那部分产品的运动，因而运动一开始就表明是产业资本的总和运动。其次，作为起点的 W'，是以商品形

---

① 商品资本循环（简单再生产）图是依据《资本论》第二卷 第一篇第三章 商品资本循环的内容描绘的。详见《资本论》第二卷第 101—115 页。

式存在的，不论它的使用形式决定是要用于生产消费，还是要用于个人消费，一开始就把生产消费和个人消费包括在内。最后，W' 的由产品部分表现的各个价值组成部分，要看 $W'—W'$ 是作为社会总资本的运动的形式，还是作为一个单个产业资本的独立运动。商品资本循环已经超出单个资本循环的范围，实际上，已包含着社会总资本的生产、交换、分配、消费等方面的运动。

产业资本循环过程的三个公式图解①

1. 三种资本循环的公式：

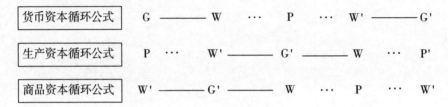

货币资本循环公式	G —— W ··· P ··· W' —— G'
生产资本循环公式	P ··· W' —— G' —— W ··· P'
商品资本循环公式	W' —— G' —— W ··· P ··· W'

2. 三种资本形态在时间上继起，在空间上并存：

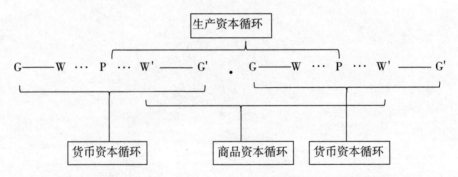

3. 三种资本形态的对立与统一　产业资本在再生产过程中，每一种资本形态都在不断地离开一个阶段，进入下一个阶段；不断抛弃一种形式，存在于另一种形式；其中每一个阶段不仅以另一个阶段为条件，而且同时排斥另一个阶段。

---

① 产业资本循环过程的三个公式图是依据《资本论》第二卷 第一篇第四章 的内容描述的。详见《资本论》第116—137 页。

"三种资本循环的联系与区别"表解①

		货币资本的循环	生产资本的循环	商品资本的循环
公式		G——W···P···W′ ——G′	P···W′——G—— W′···P	W′——G′—— W′···P···W′
区别	1	总流通过程为生产过程所中断	总流通过程为生产过程的媒介	总流通过程为生产过程的前提
	2	循环的起点是以货币形式出现的资本价值	循环的起点是生产要素形式出现的资本价值	循环的起点是以商品形式出现的增大的资本价值
	3	生产过程处于资本流通的两个相互补充、相互对立的阶段中间	生产过程是流通过程的先决条件，处于总流通之前（后一个 p 不是生产过程）	生产过程处在流通过程之后，循环以生产的结果 w 结束
	4	价值增值是过程的目的	再生产的形式表现为目的	消费表现为运动的目的
共同点	1	价值增值是决定的目的和动机。		
	2	过程的所有前提都表现为后果。		
	3	每一个因素都表现为出发点、经过点和复归点。		
	4	总过程表现为生产过程和流通过程的统一。		
	5	生产过程和流通过程互为前提和媒介。		

① 本表的依据是对《资本论》第二卷 第一篇 资本形态变化及其循环。

资本的周转时间和费用图①

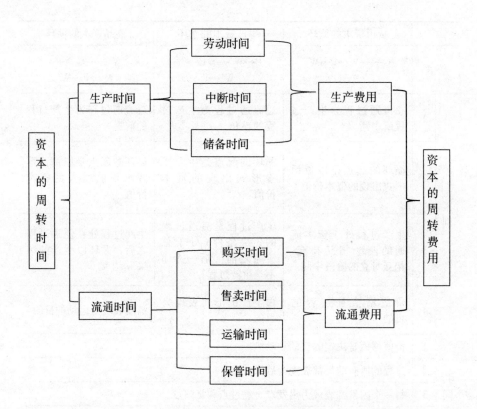

① 资本周转就是周而复始的资本循环，资本周转时间包括生产时间和流通时间，资本周转的费用包括生产费用和流通费用。详见《资本论》第二卷 第一篇 第五章流通时间、第六章流通费用、第十二章劳动期间、第十三章生产时间、第十四章流通时间。

"资本的周转时间和费用图" 解读

1. 生产时间　资本在生产领域停留的时间是它的生产时间。生产时间包括生产中断时间、劳动时间和生产资料储备时间。马克思说，生产时间总是指这样的时间，在这个时间内，资本生产使用价值并自行增殖，因而执行生产资本的职能，尽管它也包含这样的时间，在这个时间内，资本是潜在的，或者也进行生产但并不自行增殖。剩余价值是在劳动时间内创造的，因此，生产时间和劳动时间越吻合，在一定时间内生产资本的生产效率就越高，它的价值增殖就越大，这就是资本主义生产为什么要尽可能地减少生产中断时间和生产资料储备时间。

2. 流通时间　资本处于流通领域的时间，它包括购买时间、售卖时间、运输时间和保管时间。资本在流通时间内，不是执行生产资本的职能，因此既不生产商品，也不生产剩余价值。流通时间的延长和缩短，对于生产时间的缩短或延长，或者说对于一定量资本作为生产资本执行职能的规模的缩小或扩大，起了一种消极限制的作用。流通时间越等于零或接近零，资本的职能越大，资本的生产效率就越高，它的自行增殖就越大。尽管如此，在商品生产中，流通和生产本身一样必要，采购员、推销员、广告都是必要的。其中，卖比买更困难、更重要。商品资本流通时间界限是由商品体本身的易坏程度决定的。一种商品越是容易变坏，生产出来越要赶快消费，赶快卖掉，否则，它就会丧失使用价值、价值和剩余价值。

3. 流通费用　商业资本家在商品流通过程中所耗费的各种费用。

（1）商品买卖费用。资本在市场上执行买者和卖者的职能时间。买卖时间是资本经营时间的必要组成部分。在这个时间内，无论是买卖成为第三者的专业，还是由雇佣工人来承担，它只是价值形式的变化，并不创造价值，这种费用是一种不会增加价值的费用，即纯粹的流通费用。

（2）簿记费用。为了记载商品的买卖，所需要的人力、物力上支出的费用，叫簿记费用。簿记费用是从生产过程中抽出来的，它归入流通费用。生产过程越是按照社会的规模进行，越是失去纯粹个人的性质，作为对过程的控制和观念总结的簿记就越是必要。簿记对资本主义生产，比对手工业和农民的分散生产更为必要，对公有生产比资本主义生产更为必要。簿记费用随着市场的积聚而减少，簿记越是转化为社会的簿记，这种费用也就越少。

（3）货币费用。货币的费用来自两个方面：一是金和银本身的费用。因为在资本主义生产的基础上，绝大部分产品是作为商品生产的，从而必须取得货币形式，随着社会财富的增大，执行流通手段、支付手段、准备金等职能的金银也在不断增大，社会花在货币上的费用也在增大。二是金银作为货币，在流通中不断地磨损，为了保证货币的正常流通，必须提出一部分费用来补偿货币的磨损。

（4）保管费用。保管费用是生产过程在流通过程继续进行所引起的费用。它可以创造价值和剩余价值，但并不增加使用价值。可以在原有商品价值的基础上加价。这种费用，对单个资本家来说，可以成为发财致富的源泉，对社会来说，是生产上的非生产费用。保管费用包括：①一般储备的形成。储备的三种形式：生产资本储备、个人消费基金销售的储备和商品资本储备。②真正的商品储备。产品储备是一切社会所共有的。资本主义商品储备日益增加，建筑物、容器、其他生产资料和劳动力也在增加，从而储备费用也在不断增加。自愿储备（非正常储备）和非自愿储备（正常储备）。

（5）运输费用。社会劳动的物质变换，要求产品发生场所的变换，即产品由一个地方转移到另一个地方的实际运动。这种位移的费用叫作运输费用。运输费用属于生产费用，它生产价值和剩余价值。

4. 生产性流通费用与纯粹流通费用　一切商品作为使用价值，必须经过分配、交换，然后才能进入消费，在此以前，所有用于使用价值的包装、维护、保存、运输转移等活动，都是生产过程在流通领域中的继续。由此产生的费用叫做生产性流通费用。纯粹流通费用是指由货币变为商品和由商品变为货币而支出的费用。这是一种单纯为资本形式的转化，即由货币变为商品和由商品变为货币而支出的费用。它包括由买卖时间、簿记和货币所引起的费用。这些费用，对资本主义生产过程来说，是一个必要的因素，因为没有这些费用，生产资料就不能买进，生产过程就会中断，商品也卖不出去，价值和剩余价值就不能实现。但是，这些费用纯粹是为了实现价值，既不能生产或者增加商品的使用价值，又不能增加价值和剩余价值。所以这些费用，只能通过从社会已经生产出来的剩余价值中扣除而得到补偿。

资本周转时间图解①

　　资本的总流通时间，等于它的流通时间和生产时间之和。资本循环不是当作孤立的行为而是当作周期性的过程时，叫作资本周转。资本周转的持续时间，就形成资本周转时间。资本周转速度是指资本在一定时期内的周转次数。资本的周转速度可以用周转时间或周转次数来表示。资本周转时间的长短，标志着资本周转速度的快慢。周转时间越短，表明周转速度越快；周转时间越长，表明周转速度越慢。

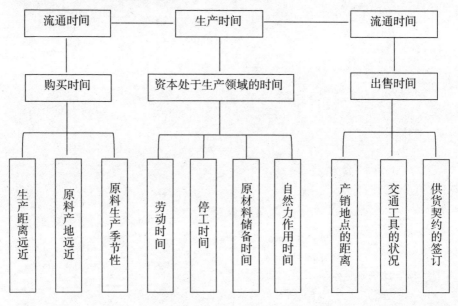

_____

① 本图依据是马克思资本周转理论。具体内容详见《资本论》第二卷 第二篇 第七章周转时间和周转次数，第十二章劳动期间、第十三章生产时间、第十四章流通时间。

固定资本和流动资本划分图①

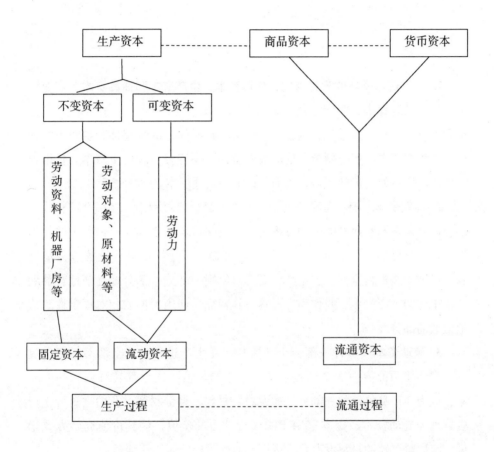

---

① 在《资本论》第二卷 第二篇 第八章 马克思对固定资本和流动资本进行了专门论述，区分了一系列资本概念。本图的资料来源于陈征. 资本论：解说第三册 [M]：福州：福建人民出版社，1980：163.

"固定资本和流动资本划分图"解读

1. 产业资本循环的三种形式：货币资本、生产资本和商品资本　产业资本在其运动过程中，时间上依次采取货币资本、生产资本、商品资本形态，空间上以这三种形式并存，这就是产业资本在时间上的继起性和空间上的并存性。生产资本按照与剩余价值的关系分为：不变资本和可变资本。货币资本和商品资本处于流通领域，因而可以称为流通资本。

2. 固定资本　有一部分不变资本，在产品形成过程中，在一个或长或短的时期内，在不断反复的劳动过程中，总是保持着它进入生产过程中的使用形式，总是反复执行着相同的职能，如机器、厂房、工具、设备等劳动资料，这种物质资料全部参加生产，而其价值则一部分一部分地逐渐地转移到产品中去的生产资本，叫作固定资本。其特征是使用价值的相对固定性和价值流通的部分性。

3. 流动资本　另外一部分生产资料，在生产过程中，全部参加劳动过程，它的使用价值一次全部被消费掉，它的价值一次全部转移到新的产品中，成为新产品价值的一部分，如原料、材料、辅助材料，我们把这种生产资料列为流动资本。资本家用于购买劳动力的价值，就其价值周转方式来说，与原料、辅助材料没有什么区别，因此可以归属于流动资本。

4. 固定资本的磨损与折旧　固定资本的磨损分为有形磨损和无形磨损。有形磨损也称物质磨损，是指固定资本的物质要素由于使用及自然力作用而形成的磨损。有形磨损与价值规律无关，而与自然规律有关。无形磨损也称精神磨损，是指固定资本在其有效使用期内，由于技术进步而引起的价值上的损失，包括由于提高劳动生产率和发明高性能新设备而使原固定资本贬值。固定资本的精神磨损与价值规律有关。固定资本折旧又叫固定资产折旧，是指固定资本按照其磨损程度而逐渐转移到新产品中去的价值，必须在产品销售以后作为折旧基金提取并积累起来，以便在固定资本价值全部转移完毕时，用于固定资本的实物更新。

5. 固定资本的更新 一种是固定资本的全部更新。如一台机器寿命十年，到时候不能继续使用，就用新机器来代替。另一种是固定资本的部分更新。这又有两种情况，一种情况是：同一种物质形态的固定资本，由于使用情况不同，更新时间就有长有短。如枕木，在一般路基上可使用十年，在车站只能使用五六年。另一种情况是：物质形态不同的固定资本，它们在不同时间消耗掉，因而必须在不同时间内进行补偿。

6. 生产的外延扩大和内含扩大 资本家可以把准备金用来扩大企业生产，如果是生产场所的扩大，量上的扩大，就是外延上的扩大；如果采用了新机器，提高了生产效率，本质上提高了，就是内含的扩大。这种扩大不是由于把剩余价值资本化，实现资本积累引起的，而是由固定资本本体分出来，以货币形式和它分离的价值再转化为追加的或效率更大的同一固定资本而引起的。

7. 固定资本的维持与修理 固定资本的维持有两种情况：一种依靠劳动自身来维持；另一种是为了保存劳动资料，如机器就必须经常擦洗。这两种维持资本家不用付出维持费用的。机器的修理需要支出资本和劳动，需要支出一定的费用。这种费用，不能通过机器价值的逐渐转移得到补偿，它被平均地分摊在平均寿命期间，并以相应的部分加进产品的价格，从而通过产品出售得到补偿。

斯密的"社会资产"分类图①

斯密的分类 ＼ 马克思的分类	生产资本	流通资本	
		商品资本	货币资本
资本　固定资本	机 器 厂 房 工 具		
资本　流动资本	原 料 辅助材料 劳 动 力	商品	货币
供直接消费 而保存的财富			

▭ 马克思和斯密的观点一致的地方
▭ 斯密的错误（是否通过交换，是否更换所有者）

---

① 马克思在《资本论》第二卷 第二篇 第十章 对重农学派和亚当·斯密关于固定资本
和流动资本的理论进行了专门论述，明确指出重农学派把用于农业的生产资本分为
"原预付"和"年预付"是正确的，而斯密划分固定资本和流动资本的标准是错误
的。

"斯密的社会资产分类图"解读

1. 重农学派："原预付"和"年预付"　法国资产阶级古典政治经济学、重农学派创始人弗朗斯瓦·魁奈，把农业资本分为两个部分："原预付"和"年预付"。所谓"原预付"，就是几年预付一次的部分，如耕畜、农具、仓库、房屋等；所谓"年预付"就是每年要付出的部分，如种子、肥料、农业工人的工资等。"年预付"的部分是一年周转一次，"原预付"的部分是多年周转一次。"年预付"的价值在一年内，价值全部加入产品，随产品价值一起流通，并在本年内得到补偿。"原预付"的价值在一年内，只是部分地加入产品，部分地随产品价值一起流通，在多年内才能得到补偿。马克思说，魁奈能够把这种区别说成是生产资本的区别，无疑是"正确地"。

2. 斯密：固定资本和流动资本　和魁奈相比，斯密的唯一进步是把"原预付"和"年预付"普遍化。斯密把魁奈的"原预付"称之为固定资本，把"年预付"称之为流动资本。斯密的问题是把商品资本和货币资本也归属于流动资本。他所说的流动资本实际上就是马克思说的流通资本，即资本不断地以一种状态离开它，以另一种状态回到它那里，并且只有通过这样的流通或连续的交换，才能为它提供利润。斯密以是否通过交换，是否更换所有者，作为划分固定资本和流动资本的标准。这是错误的。其结果：（1）把价值的补偿和剩余价值的创造混为一谈，似乎流通过程也创造剩余价值。（2）把流通资本和流动资本混为一谈，不知道流动资本是生产资本的一部分。（3）掩盖了剩余价值剥削的实质。斯密不懂得不变资本和可变资本的划分，更不懂得剩余价值是可变资本带来的。

李嘉图的资本分类图①

李嘉图的分类	生产资本	流通资本	
		商品资本	货币资本
资本 固定资本	建筑物 机器 工具		
流动资本	劳动者 工资	劳动者衣 物、食品	

　马克思和李嘉图的观点一致的地方

　李嘉图的错误

---

①　马克思在《资本论》第二卷 第二篇 第十一章 对大卫·李嘉图关于固定资本和流动
　　资本理论进行了专门研究。李嘉图的错误在于①把物的耐久程度作为划分固定资本
　　和流动资本的标准；②原材料那部分不见了；③把流动资本和可变资本混为一谈。
　　详见《资本论》第二卷第240—254页。

"李嘉图的资本分类图" 解读

1. 李嘉图把固定资本耐久程度的差别同不变资本和可变资本所组成的资本构成的差别等量齐观。这就是说，把固定资本和流动资本的结合比例的差别，同不变资本和可变资本所组成的资本有机构成的差别，混为一谈。固定资本越是耐久，它的使用时间越长，固定资本周转一次，所需要的流动资本就越多，固定资本和流动资本的比例就越小。资本的耐久程度只涉及生产资料价值转移的方式问题，而不涉及剩余价值的产生问题。相反，不变资本和可变资本所组成的资本有机构成的差别，就决定着剩余价值生产上的差别。因为剩余价值是可变资本带来的，所以有机构成越低，可变资本占的比例就越大，因而创造的剩余价值就越多。

2. 在李嘉图的固定资本和流动资本定义中，作为原材料的那部分资本价值不见了。李嘉图把投在工具、机器、建筑物上的资本，称为固定资本，把投在劳动上的资本，称为流动资本。这样，原材料部分就不见了。李嘉图不是不知道，而是没办法。因为，从资本周转方面来看，固定资本的价值是部分逐渐转移的，而流动资本是一次全部转移的，不能和固定资本放在一起。如果把它放在流动资本中，它又与投在劳动力上的那部分价值不一样，它只能转移价值，而不能创造价值。在这种情况下，李嘉图采取回避的办法，干脆不谈它。

3. 李嘉图把流动资本和可变资本混为一谈。既然李嘉图的流动资本中，没有原材料，那么他的流动资本和马克思说的可变资本就没有差别了。这样就抹杀了流动资本和可变资本的区别了。

"可变资本周转不同引起的年剩余价值率不同" 表解①

资本	可变资本	周转时间（周）	年周转次数	所用可变资本	年剩余价值 M	剩余价值率 m′	年剩余价值率 M′
	(1)	(2)	(3)	(4) = (1) × (3)	(5)	(6) = (5) ÷ (4)	(7) = (5) ÷ (1)
A	500	5	10	5000	5000	100%	1000%
B	5000	50	1	5000	5000	100%	100%

---

① 本表是依据《资本论》第二卷 第二篇 第十六章"可变资本的周转"整理的。年剩余价值率就是一年内生产的剩余价值总额和预付可变资本的价值额之比。可变资本周转不同引起的年剩余价值率不同。尽管剩余价值相同但可变资本 A 一年周转 10 次，年 m′ = 1000%，而 B 一年周转一次年 m′ = 100%。

剩余价值的流通图解①

〈简单再生产〉

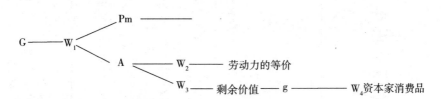

〈扩大再生产〉

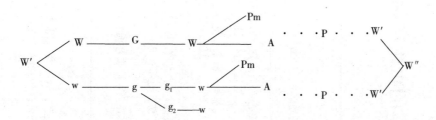

① "剩余价值流通图"是依据《资本论》第二卷 第二篇 第十七章"剩余价值的流通"绘制的。在简单再生产条件下剩余价值流通表现为：W3—g—W4；在扩大再生产条件下则表现为：g—g₁—w…p…w′和g—g₂—w。详见《资本论》第一卷 第355—388页。

"社会总资本的再生产和流通（简单再生产）"表解①

对象		内　答
		社会总产品或社会总商品资本　　W'——$\left\{\begin{array}{c}G—W\cdots P\cdots W'\\ g—w\end{array}\right.$
价值		社会总产品分三部分：（1）不变资本 C　　（2）可变资本 V　　（3）剩余价值 M
实物		两大部类：第 I 部类 —— 生产资料部类　　　第 II 部类 —— 消费资料部类
假设条件		一、假定考察的是纯资本主义经济，除了资本家和工人这两大阶级外，不存在其他阶级。 二、假定一切商品都按照它们的价值来交换，价值和价格不发生任何背离。 三、假定不存在对外贸易，全部社会总产品价值都要在国内实现。所有生产资料和消费资料的消耗，也都在国内得到补偿。 四、暂时撇开固定资本在当年因损耗而转移到社会总产品中去的那部分价值，因而这种固定资本不需要在当年重新得到物质补偿。

① 《资本论》第二卷 研究资本的流通过程，第一、二篇重点研究单个资本的循环和周转；第三篇 研究社会总资本的再生产和流通；第十八章研究研究对象；第十九章批判、评价古典学派的再生产理论；第二十章研究简单再生产条件下的社会总资本的再生产和流通。本表就是依据第二十章内容整理的。

续表

图式	内　　　答
	$\begin{cases} \text{I}：4000\ C + 1000\ V + 1000\ M = 6000 \\ \text{II}：2000\ C + 500\ V + 500\ M = 3000 \end{cases}$
三个方面的交换	1. 第 II 部类工人的工资 500v 和资本家的剩余价值 500m，其实物形态是消费资料，而且都必须用于消费资料，因此第二部类的工资和剩余价值即 II（v + m），可以通过第 II 部类的内部交换而实现。 2. 第 I 部类的 1000v + 1000m，其实物形态是生产资料，在第 I 部类内部不能实现。相反，第 II 部类的 2000c 即（II C），其实物形态是消费资料，在第 II 部类内部也无法实现。因此，I（V + M）和 II c 必须通过两大部类之间的交换来实现。 3. 还剩下 4000 I C 它们由生产资料构成，只能用于第 I 部类，以便交换该部类消费掉的不变资本，因此还要通过第 I 部类的各个资本家之间的互相交换来实现。

163

续表

内　容	

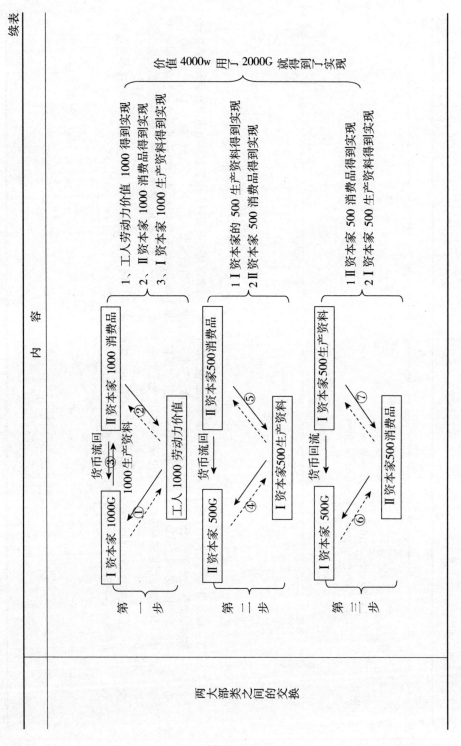

两大部类之间的交换

第一步：

Ⅰ资本家 1000G

货币流回 ③
Ⅱ资本家 1000 消费品
① 1000 生产资料
工人 1000 劳动力价值

1、工人劳动力价值 1000 得到实现
2、Ⅱ资本家 1000 消费品得到实现
3、Ⅰ资本家 1000 生产资料得到实现

第二步：

Ⅱ资本家 500G

货币流回
Ⅱ资本家500消费品
⑤
④
Ⅰ资本家500生产资料

1 Ⅰ资本家的 500 生产资料得到实现
2 Ⅱ资本家 500 消费品得到实现

第三步：

Ⅰ资本家 500G

货币回流
Ⅰ资本家500生产资料
⑦
⑥
Ⅱ资本家500消费品

1 Ⅱ资本家 500 消费品得到实现
2 Ⅰ资本家 500 生产资料得到实现

价值4000w用了2000G就得到了实现

续表

	内　　容
实现条件	在简单生产中，第 I 部类的商品资本中的 v＋m 价值额（也就是第 I 部类的总商品产品中与此相应的比例部分）必须等于不变资本 IIc，也就是第 II 部类的总商品产品分出来的与此对应的部分；或者说，I（v＋m）＝ IIc

第Ⅱ部类内部交换

I　4000 C ＋（800 ＋ 200）V ＋（800 ＋ 200）M

a. 1600 C ＋ 400V

b. 400 C ＋

Ⅱ （240 ＋ （60 ＋ 40 ） M
160 ） M
100 V

① IIm：60%　生活
　　　　40% —→ 奢化
② m＝100%
③ 有机构成不变
④ I v＋m＝ II ac＋ II bc

续表

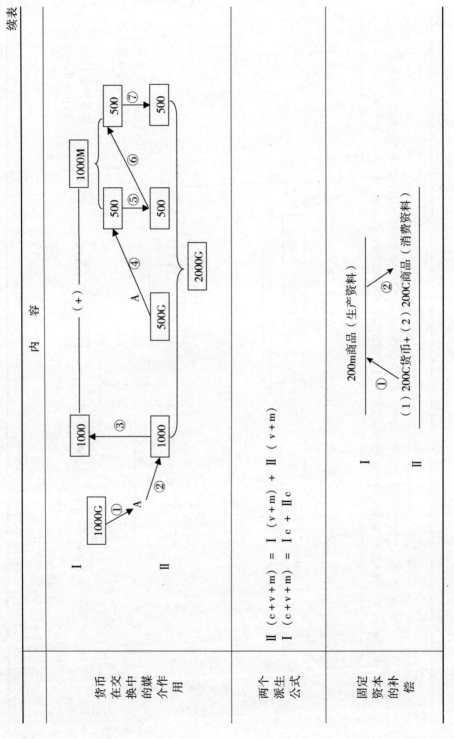

	内　容
货币在交换中的媒介作用	
两个派生公式	II（c＋v＋m）＝ I（v＋m）＋ II（v＋m） I（c＋v＋m）＝ I c＋ II c
固定资本的补偿	

"社会总资本积累和扩大再生产" 表解[①]

	内　　容

图
 	
式
	I 4000C + 1000V + 1000M = 6000
	II 1500C + 750V + 750M = 3000
	
	假定，第一部类的资本家为了进行扩大再生产，把 1000M 的一半用于追加资本，另一半用于个人消费．按原来的 4：1 的有机构成，500 中有 400 作为追加的不变资本，100 作为追加的可变资本。第 II 部类为适应扩大再生产的需要，资本家必须从 750 中提取 150，按 2：1 的有机构成，100 作为追加的不变资本，50 作为追加可变资本，这样第一年年终价值构成就变为：
	
	I 4400C + 1100V + 500M = 6000
	II 1600C + 800V + 600M = 3000
	
	第二年初： I 4400C + 1100V = 5500
	           II 1600C + 800V = 2400
	
	第二年终： I 4400C + 1100V + 1100M = 6600
	           II 1600C + 800V + 800M = 3200

实 现 的 条 件	第一部类原有的可变资本，加上追加的可变资本，再加上本部类资本家用于个人消费的剩余价值，三者必须等于第二部类原有的不变资本加上追加的不变资本，用公式表示： $$I\left(V + \triangle V + \frac{M}{X}\right) = II\left(C + \triangle C\right)$$ 由此可引出两个公式： $$I\left(c + v + m\right) = IC + IIC + I\triangle C + II\triangle C$$ $$II\left(c + v + m\right) = I\left(V + \triangle V + \frac{M}{X}\right) + II\left(V + \triangle V + \frac{M}{X}\right)$$

[①]　本表是依据《资本论》第二卷 第三篇 第二十一章 "积累和扩大再生产" 编制的。详见《资本论》第二卷第 551—592 页。

第三章 资本主义生产的总过程图表+解读

《资本论》第三卷结构图①

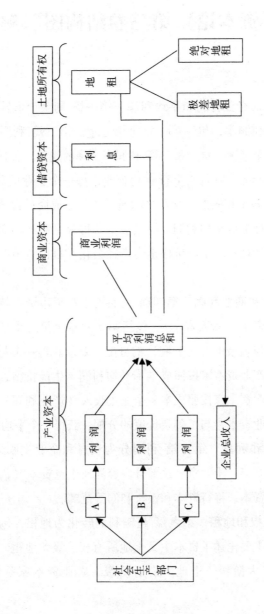

① 《资本论》第三卷是恩格斯根据马克思的手稿、笔记整理的。本卷包括七篇五十二章。如果说，《资本论》第一卷研究的是资本主义直接的生产过程，第二卷研究的是资本主义的生产过程和流通过程通过程的话，那么"这一卷要说明和说明资本运动过程作为整体考察时所产生的各种具体形式"。这就是说，不仅要研究产业资本、商业资本、生息资本和土地所有权，还要研究与之相联系的产业利润、商业利润、利息、地租以及资本和剩余价值的生产、流通、分配规律、阶级构成。

171

"《资本论》第三卷结构图"解读

1. 产业资本、企业利润和平均利润　第一篇 剩余价值转化为利润和剩余价值率转化为利润率，包括第一章至第七章。第二篇 利润转化为平均利润，包括第八章至第十二章。第三篇 利润率下降的规律，包括第十三章至第十五章。社会生产部门有若干个行业和企业，每一个企业的剩余价值（率）和利润（率）是各不相同的。企业之间通过竞争形成商品价值，通过生产部门之间的资本转移形成平均利润，等量资本获得等量利润。部门平均成本加平均利润便是生产价格。生产价格是生产社会化和自由竞争时期，商品价格上下波动的轴心。

2. 商业资本和商业利润　第四篇 商品资本和货币资本转化为商品经营资本和货币经营资本（商人资本），包括第十六章至第二十章。商业资本作为职能资本，参与剩余价值（利润）的分配，要求获得一个与其投资额相适应的商业利润。产业资本家按照成本＋平均利润＝生产价格，把商品让渡给商业资本家，商业资本家按照成本＋企业主收入（产业利润）＋商业利润出售给消费者。商业资本参与了剩余价值的分配，获得一个平均利润。

3. 借贷资本和利息　第五篇 利润分为利息和企业主收入，生息资本，包括第二十一章至第三十六章。这部分内容涉及生息资本（借贷资本）和利息、信用和虚拟资本、银行资本和银行利润等范畴。

4. 土地所有权和地租　第六篇 超额利润转化为地租，包括第三十七章至第四十七章。主要论述了资本主义土地所有权、级差地租、绝对地租以及农业生产领域三大阶级：土地所有者阶级、农业资本家阶级和农业工人阶级。

5. 收入分配与再分配　第七篇 各种收入及其源泉，包括第四十八章至第五十二章。"三位一体"公式、分配关系与阶级。

所费资本转化为成本价格、剩余价值转化为利润图①

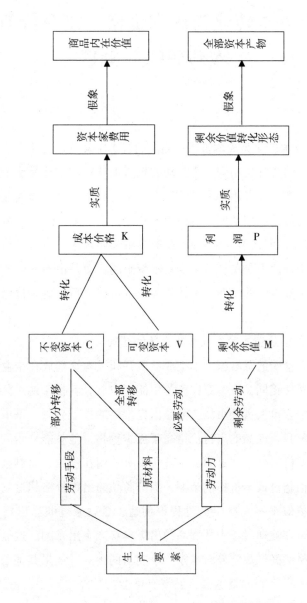

① 本图的依据是《资本论》第三卷第一篇第一章"成本价格和利润"。在这里马克思对所费资本转化为成本价格、剩余价值转化为利润进行了专门论述。

"所费资本转化为成本价格、剩余价值转化为利润图"解读

1. 所费资本转化为成本价格 商品的资本主义费用是用资本的耗费来计量的，而商品的实际费用则是用劳动的耗费来计量的，这是两个完全不同的量。商品的资本主义费用是商品的资本主义的成本价格，而商品的实际费用则是商品的价值。我们把成本价格用 K 表示，那么 K = C + V，我们把商品价值用 W 来表示，那么 W = K + m。在资本主义经济中，成本价格具有一种假象：似乎剩余价值不是单纯由可变资本带来的，而是由不变资本和可变资本共同带来的。资本家的所费资本转化为成本价格之后，剩余价值的来源被掩盖了。

2. 成本价格是资本家之间彼此竞争的基础 对资本家来说，成本价格是至关重要的。精明的资本家无不把成本核算和成本管理放在企业管理的突出地位。其他条件相同，资本家在竞争中能否取胜，就在于能否降低成本，从而降低商品的售价去占领市场。商品出售价格的最低界限，是由商品的成本价格规定的。只要商品的出售价格高于成本价格，他就能获得利润。在资本家看来，成本价格似乎就是商品本身所固有的内在价值，而剩余价值似乎不是商品的价值超过成本价格的余额，倒是商品的出售价格超过它的价值的余额。剩余价值似乎不是在生产过程中创造、然后通过商品出售而得到实现的，倒好像是在流通过程中从商品的出售本身产生出来的，这显然是一种颠倒。成本价格的高低决定着资本家竞争能力的强弱。如果其他条件相同，成本价格越低，竞争能力就越强，便越有可能击败竞争对手，占领较大市场。为此，资本家竞相采用先进技术，改善劳动组织，提高劳动生产率，节约物化劳动和活劳动，以提高对工人的剥削程度，不断地降低成本，获取更多的利润和超额利润。

3. 剩余价值转化为利润 剩余价值作为全部预付资本的产物，取得了利润这种转化形式。$W = c + v + m = K + m = K + P$，商品的价值 = 成本价格 + 利润。马克思说，我们在这里最初看到的利润，和剩余价值是一回事，不过它具有一种神秘化的形式，而这种由资本主义生产方式产生的神秘化形式，给人一种假象，不变资本与可变资本的区别看不出来了。在这里，劳动力的价格表现为工资这个转化形式，不变资本与可变资本转化为成本价格这种形式，剩余价值转化为利润这种形式，资本家剥削雇佣工人的生产关系被掩盖了，剩余价值（利润）成了全部预付资本的产物。

利润率和剩余价值率关系图①

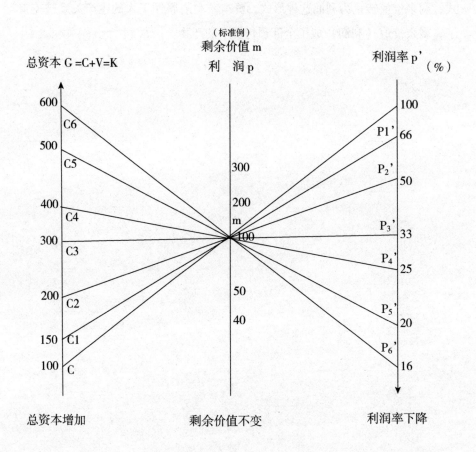

① 本图是依据《资本论》第三卷 第一篇 第二、三章 内容整理的。大致意思：总资本在增加，从100 增至600，剩余价值率如果不变，为100%，可变资本和剩余价值不变，为100，那么利润率则在不断下降。这是社会化大生产的一条规律。

"利润率和剩余价值率关系图" 解读

马克思在《资本论》第三卷 第一篇 第二章 利润率中，集中论述了剩余价值率与利润率的关系，着重指出：剩余价值率如何表现为预付总资本的产物，剩余价值率如何转化为利润率，资本的剥削程度如何转化为资本的增长程度。

1. 剩余价值率与利润率 马克思说，用可变资本来计算的剩余价值的比率，叫做剩余价值率；用总资本来计算的剩余价值的比率，叫做利润率。这是同一个量的两种计算方法，由于计算的标准不同，它们表示同一个量的不同的比率或关系。剩余价值率 $m' = m/v$，利润率 $p' = m/C = m/(c+v)$。在剩余价值量 M（剩余价值率 m'）不变的情况下，利润率 p'随着资本总量的变化而变化，资本总额增加，利润率下降。如图所示：剩余价值或利润为 100，当资本总额为 100 时，$p' = 100\%$；当资本总额增加到 500 时，p'则变成了 20%。

2. 资本、劳动、剩余价值、剩余价值率、利润、利润率 马克思指出，尽管利润率和剩余价值率在数量上不同，而剩余价值和利润实际上是一回事，并且数量上也相等。但是利润是剩余价值的转化形式，在这个形式中，剩余价值的起源和它存在的秘密被掩盖了，被抹杀了。实际上，利润是剩余价值的表现形式。只有通过分析才能使剩余价值从利润中脱壳而出。在剩余价值中，资本和劳动关系赤裸裸地暴露出来了。在资本和利润的关系中，剩余价值一方面表现为在流通过程中实现的、超过商品成本价格的余额；另一方面表现为一个通过它对总资本的关系获得进一步规定的余额。资本表现为一种对自身的关系，在这个关系中，资本作为原有的价值额，同它自身创造的新价值相区别。

"周转对利润率的影响"表解[①]

	内　容
可变资本周转对P′的影响	1. 资本周转时间的缩短会提高利润率。在第二卷中已经阐明，在其他条件不变的情况下，资本周转的时间越短，使总资本中处于闲置状态的资本部分就越小，所占有的剩余价值就越大，从而使利润率提高。资本周转时间的缩短，不论是由提高劳动生产率来缩短生产时间所引起的，还是由改进交通工具后缩短流通时间引起的，其结果都会提高利润率。 2. 资本周转影响 P′ 的原因在于可变资本提高了效率。资本周转时间的缩短，之所以能够提高 P′，归根到底是可变资本产生了更多的 m。 3. 资本周转使利润率转化为年利润率。年利润率的公式是 $P' = m' \dfrac{V}{C} = m' \dfrac{V}{C+V}$。如要把这个公式当作年利润率的公式，只有在可变资本一年周转一次，年剩余价值和现实的剩余价值相一致时才正确，否则，就不正确。要使年利润率的公式完全正确，就必须让 m′ 乘以这个可变资本在一年内周转的次数（n），由此就得到 $P' = m' n \dfrac{V}{C}$。这就是年利润率的计算公式。 4. 年利润率的计算。要计算年利润率，就必须首先从流动资本中计算出可变资本及其周转次数，然后才能计算出年利润率。 5. 年剩余价值可以比现时的剩余价值率高得多。一年内可变资本周转次数越多，则年剩余价值率就比现时的剩余价值率越高。

[①] 本表是依据《资本论》第三卷 第一篇 第四章"周转对利润率的影响"整理的，这一章是恩格斯根据马克思的提示和设想撰写的。详见《资本论》第三卷第84—91页。

"不变资本使用上的节约" 表解①

	内　　容
不变资本节约对P′的影响	1. 延长工作日为条件的不变资本的节约。（1）延长工作日造成不变资本固定部分使用上的节约，从而提高利润。因为在可变资本和使用工人数不变的条件下，延长工作日，并不要求扩大建筑物、购买新的机器等不变资本的固定部分新的支出，同时，工作日的延长可以缩短不变资本固定部分的再生产时间。（2）延长工作日能节省非生产性费用。在延长工作日时，并不因此需要增加管理费、国税、地方税和火灾保险费等非生产性费用。（3）延长工作日加快了不变资本的周转工作日的延长，加快了不变资本价值的转移，从而缩短了再生产时间，给资本家带来了利益。 2. 生产资料集中和大规模应用而产生的不变资本的节约。（1）大规模的生产能够节省不变资本的支出。（2）大规模的生产引起的不变资本的节约是以劳动的社会结合为前提的。（3）大规模生产引起生产废料的利用。 3. 以科学发展、技术、进步、劳动生产率提高为条件的生产不变资本的劳动的节约。这一类节约直接是机器改良引起的节约。机器改良包括：（1）机器材料的改良使机器经久耐用；（2）机器制造方法的改良使机器变便宜；（3）某部分的重大改进提高机器效率；（4）机器改良减少废料。这一切都会相应地降低机器的价格，从而使购买机器的部门节约不变资本的支付，相应提高利润率。 4. 以工人为牺牲的劳动条件的节约，是资本家提高利润率的一个方法。工人一生的大部分时间是在生产过程中度过的，因而生产过程的条件也就是工人的生活条件。资本家竭力压低工人的这种生活条件，节约不变资本，提高利润率。这种节约包括建筑物的节约安装危险机器又不安装安全设备，对有害健康和危险的生产过程没有预防措施。总之，资本家为了榨取更多的利润，摧残工人的健康，缩短了工人的寿命。 5. 不变资本的节约，是在资本积累的一种必然趋势，它把活劳动和物化劳动都缩减到最低的限度，从而使商品的价格缩减到它的最低限度。

---

① 本表的依据是《资本论》第三卷 第一篇 第五章 "不变资本使用上的节约"。详见《资本论》第三卷第95—120页。

"价格变动的影响" 表解①

	内　　　容
价格变动对P′的影响	1. 原料价格对利润率的影响。既然利润率是剩余价值和预付总资本的比率，那么，凡是能够影响预付总资本的因素，也就会影响利润率。原料是预付总资本的重要部分，因此，它的价格变动也就必然影响利润率。在其他条件不变的情况下，利润率的大小和原料价格的大小反比例变化。 2. 原料与固定资产相比，对利润率的影响较大，其原因是：首先，由于原料和辅助材料的价值全部加入产品价值中，因而对产品价格的影响比固定资产要大得多，从而对利润率的影响也更大；其次，随着劳动生产力的发展，原料的价值会在商品产品的价值中形成一个越来越大的组成部分；再次，原料价格在产品出售中全部得到补偿，因此其价格变动对于生产过程和利润率的影响也比较大；最后，废料能引起的费用随原料价格的提高而提高，反之亦然。 3. 投在废料上的资本的增值和贬值对利润率的影响。原料价格的变动对利润率的反比例的影响，对投入新企业的资本来说是无条件正确的。可是，对已经执行职能的资本来说，不是无条件的。因而已经执行职能的资本以不同比例存在于货币资本、生产资本和商品资本三种形式上。拿纺织业资本家为例，如果由于原料棉花的价格提高，其库存棉花、半成品棉纱、成品棉布相应提高的价格，恰好抵消前者的提高，从而预付资本和利润率仍不变；如果不足抵消前者的提高，需要追加预付资本，则利润率降低；如果抵消前者而有余，则利润率提高。总之，原料价格的变动，对利润率的影响取决于资本处于三种形式上的比例。 4. 投在固定资本上的资本的增值和贬值对利润率的影响。机器设备改良，一方面造成原有机器设备的精神磨损，使资本贬值；另一方面，由于改良后的机器设备的成批生产，提高了劳动生产率，又为更新机器设备节省了不变资本，提高了利润率。 5. 可变资本价值的增值和贬值，会相应地出现剩余价值的减少或增加，从而利润率也就下降或增加。劳动力价值提高就会束缚一部分可变资本，劳动力价值降低就会游离出一部分可变资本。由可变资本游离产生的利益和由可变资本束缚造成的损失，对已经执行职能的资本才是存在的。对新投入的资本来说，利益和损失就是 m′ 的提高或降低，以及 P′相应的但不是按比例的变动。

① 本表的依据是《资本论》第三卷 第一篇 第六章"价格变动的影响"。详见《资本论》第三卷第121—154页。

"不同生产部门利润率不同的原因" 表解[①]

	内　　容
研究对象	不同的生产部门的资本，由于资本构成和周转时间上的差别，对利润率的影响。
假定条件	①一切生产部门的剩余价值率一样大，均为100%。 ②当说到某生产部门构成或周转时，是指该部门的平均状况。
资本有机构成不同，引起利润率的不同	<table><tr><td>不同生产部</td><td>投资量</td><td>有机构成</td><td>剩余价值率</td><td>剩余价值</td><td>利润率</td></tr><tr><td>A</td><td>700</td><td>600C + 100V</td><td>100%</td><td>100m</td><td>14.3%</td></tr><tr><td>B</td><td>700</td><td>100C + 600V</td><td>100%</td><td>600m</td><td>85.7%</td></tr></table> 　　可见，不同生产部门的资本有机构成不同，说明投资量中的可变资本所占的比例不同，从而由可变资本推动的活劳动所创造的剩余价值量同投资量的比率就不同，于是就出现了不同的利润率。

---

① 本表的依据是《资本论》第三卷 第二篇 第八章 "不同生产部门的资本的不同构成和由此引起的利润率的差别"。详见《资本论》第三卷第159—172页。

	内　　容

资本周转时间的不同引起利润率的不同

　　利润率不同的另一个原因是不同的生产部门的资本周转时间不同，在资本构成和其他条件相同时，利润率和周转时间成反比，如下表所示。

资本	固定资本 C_1	周转 n_1	流动资本 $C_2 + V$	周转 n_2	m′%	m	年 m（$n_1 m$）	年 p′	P′
Ⅰa	10	1/10	0.5 + 0.5	10	100	0.5	5	45.4%	4.5%
Ⅰb	10	1/10	0.5 + 0.5	5	100	0.5	2.5	22.7%	4.5%
Ⅱ	9	1/9	1 + 1	5	100	1	5	45.4%	9.1%
Ⅲ	0	0	6 + 5	1	100	5	5	45.4%	45.4%

　　注：Ⅰa 固定资本 C_1 10 年周转 1 次，每年平均为 1，流动资本 $C_2 + V$，即 0.5 + 0.5，一年周转 10 次。如果 m′为 100%，那么，V = 0.5 × 10 = 5，年 M = 5 × 100% = 5，年 p′ $= \dfrac{5}{1 + (0.5 + 0.5) \times 10} = \dfrac{5}{11} = 45.4\%$，p′ $= \dfrac{0.5m}{1 + (0.5 + 0.5) \times 10} = 4.5\%$。可以此类推 Ⅰb、Ⅱ、Ⅲ。

"平均利润和生产价格的形成" 表解[①]

	内　容
假定条件	1. 不变资本到处都是同样地全部加入所考察的资本的年产品。 2. 周转时间的差别撇开不谈。
平均利润的形成	1. 不同部门的资本由于资本有机构成的不同，因而利润率也就不同。但是，资本通过竞争，使这些不同的利润率平均化为一般利润率。 2. 用一定量的资本乘以一般利润率所得利润，就是平均利润。平均利润是通过资本在部门间的竞争形成的。
生产价格的形成	求出不同生产部门的不同利润率的平均数，把这个平均数加到不同生产部门的成本价格上，由此形成的价格，就是生产价格。
生产价格和价值之间的关系	从社会总资本看： 总资本生产的商品价值＝不变资本的价值＋可变资本的价值＋剩余价值 $$一般利润率＝\frac{剩余价值总额}{社会预付的不变资本＋可变资本}×100\%$$
平均利润进一步掩盖了资本关系的实质	1. 平均利润形成使个别生产部门的剩余价值或利润同获取的剩余价值或利润不一致。 2. 从平均利润形式上能看到等量资本获取等量利润，看不到活劳动是利润的唯一源泉。 3. 平均利润形成掩盖了因劳动生产力的变化而包含在商品中的无酬劳动所创造的价值变化。

[①]　本表是依据《资本论》第三卷 第三篇 第九章 "一般利润率（平均利润率）的形成和商品价值转化为生产价值" 整理的。详见《资本论》第三卷第173—192 页。

〈举 例〉

表一：

资　本		m′	剩余价值	商品价值	利润率%
1	80C + 20V	100%	20	120	20%
2	70C + 30V	100%	30	130	30%
3	60C + 40V	100%	40	140	40%
4	85C + 15V	100%	15	115	15%
5	95C + 5V	100%	5	105	5%
合计	390C + 110V	——	110	610	——
平均	78C + 22V	100%	22	122	22%

表二：

资　本		剩余价值率	剩余价值	利润率	已经用掉的不变资本	商品价值	成本价格
1	80C + 20V	100%	20	20%	50	90	70
2	70C + 30V	100%	30	30%	51	111	81
3	60C + 40V	100%	40	40%	51	131	91
4	85C + 15V	100%	15	15%	40	70	55
5	95C + 5V	100%	5	5%	10	20	15
合计	390C + 110V	——	11	——	202	422	312
平均	78C + 22V	100%	22	22%	——	——	——

表三：

资　　本		剩余价值	商品价值	商品成本价格	商品价格	利润率	价格与价值的偏离
1	80C＋20V	20	90	70	92	22%	2
2	70C＋30V	30	111	81	103	22%	−8
3	60C＋40V	40	131	91	113	22%	−18
4	85C＋15V	15	70	55	77	22%	7
5	95C＋5V	5	20	15	37	22%	17
合计	390C＋110V	110	422	312	422	——	0
平均	78C＋22V	22	——	——	——	22	

商品价值与市场价格图

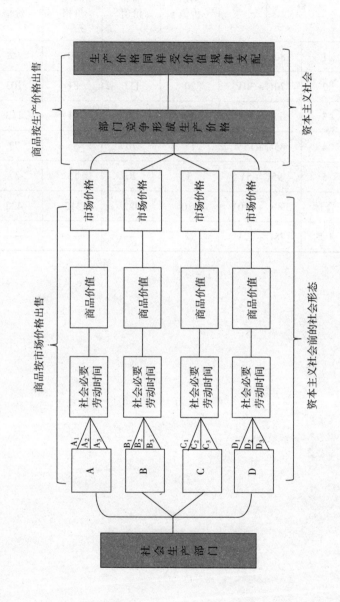

"商品价值与市场价格图"解读

《资本论》第三卷 第二篇"利润转化为平均利润",包括第八章、第九章、第十章、第十一章、第十二章,主要论述了在剩余价值率相同的情况下,不同生产部门,由于资本有机构成不同,资本周转速度不同,利润率存在差别,但是在资本主义关系下,等量资本要求获得等量利润,于是部门之间展开竞争,使得利润率趋于平均化,商品价值转化为生产价格。

1. 部门内部竞争形成商品价值 在简单商品经济条件下,随着社会分工的发展,社会生产部门日益增多,其中每一个生产部门又有若干个生产者,由于生产力发展水平不同,同样生产一种使用价值,所花费的劳动时间各不相同,而交换需要一个共同的标准,这就是社会必要劳动时间,不同生产者之间的竞争形成商品价值,这种由社会必要劳动时间决定的价值量,成为商品交换的基础。以价值量为基础,实行等价交换,是商品经济的基本原则。

2. 部门之间竞争形成生产价格 在资本主义条件下,各个生产企业、各个生产部门,由于技术水平不同,资本有机构成存在差异,即使剩余价值率相同,各个生产部门的利润率也是有区别的,但是利润最大化和等量资本获得等量利润的内在驱动力,迫使资本在部门之间转移,于是利润率就转化为平均利润率。求出不同的生产部门的不同利润率的平均数,把这个平均数加到不同生产部门的成本价格上,由此形成的价格,就叫生产价格。平均利润率=剩余价值总额/社会总资本。生产价格=成本价格+平均利润。平均利润率和生产价格形成之后,剩余价值的来源被彻底掩盖了。资本家和雇佣工人之间的关系转变为资本家阶级和工人阶级的剥削与被剥削的关系。

3. 生产价格与价值 生产价格是价值的转化形式,价值是生产价格的内容。生产价格出现之后,商品的市场价格不再是围绕价值上下波动,而是围绕生产价格上下波动。这不是对价值规律的否定,而是价值规律新的表现方式。

"工资的一般变动对生产价格的影响"表解①

		内　　容
工资一般提高	举例	假定（1）社会资本的平均构成为 $80c + 20v$；（2）平均利润率为 20%；（3）以下三个不同构成的资本，生产价格分别为： 　　Ⅰ $80c + 20v + 20p = 120$ Ⅱ $50c + 50v + 20p = 120$ Ⅲ $92c + 8v + 20p = 120$ 　　现在假定工资提高 25%，既 $\frac{1}{4}$，平均利润率从 20% 下降为 $14\frac{2}{7}$%。 　　这样，以上三个不同的构成的资本所生产的商品生产价格分别为 Ⅰ $80c + 25v + 15p = 120$；Ⅱ $50c + 62\frac{1}{2}v + 16\frac{1}{4}p = 128\frac{8}{14}$；Ⅲ $92c + 10v + 14\frac{4}{7}p = 116\frac{4}{7}$。
	结论	1. 对于社会平均构成的资本来说，商品的生产价格保持不变。 　　2. 对于较低的构成资本来说，商品的生产价格提高了，虽然不是按照利润降低的比例而提高。 　　3. 对于较高构成的资本来说，商品的生产价格降低了，虽然也不是按照利润降低的比例而降低。
	原因	因为工资的一般提高，不会影响商品的价值，但会影响新创造价值的分割比例，既工资提高，利润减少，从而使一般利润下降，引起生产价格变化。

---

① 　本表是依据《资本论》第三卷 第二篇 第十一章 整理的。在这里马克思做了下列假定：一是假定工作日不变，一切生活资料的价格也不变；二是假定一般利润率（平均利润率）和生产价格均已形成。马克思的观点是工资的变动，虽然在一定条件下会影响生产价格的变动，但不会使商品价值发生变化。这是对李嘉图错误观点的批判，李嘉图和斯密都认为工资变动会影响商品价值变动。详见《资本论》第三卷第223—227 页。

		内　　容
工资一般降低	举例	仍以上面的三种资本为例。现在假定工资下降 25%，即 1/4，但工人仍推动原来的不变资本量： Ⅰ $80c + 15v + 25p = 120$ ； Ⅱ $50c + 37\frac{1}{2}v + 23\frac{1}{38}p = 110\frac{10}{19}$； Ⅲ $92c + 6v + \frac{15}{19}p = 123\frac{15}{19}$
	结论	除平均构成的资本的商品生产价格仍不变外，工资一般下降和工资一般提高的结果正好相反。对低构成的资本所生产的商品，其生产价格降低；对高构成的资本所生产的商品，其生产价格提高。

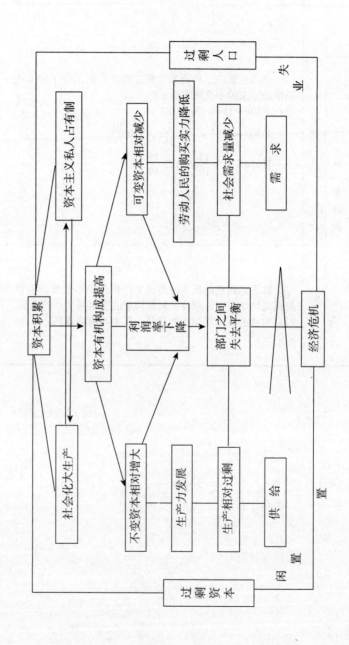

利润率下降规律图

"利润率下降规律图"解读

《资本论》第三卷 第三篇 利润率趋向下降的规律中，马克思对一般利润率下降规律进行了专门论述。这一篇包括三章：第十三章"规律本身"、第十四章"起反作用的各种原因"、第十五章"规律的内部矛盾的展开"。

1. 平均利润率下降规律 随着资本积累的发展，资本有机构成在不断提高，不变资本在相对增加，可变资本在相对减少，在剩余价值率不变的情况下，剩余价值与总资本的比率在降低，即一般利润率在下降，这就是在资本主义生产方式下，一般利润率会逐渐下降的规律。一般利润率日益下降的趋势，只是劳动的社会生产力日益发展在资本主义生产方式下所特有的表现。因为，生产的社会化与资本主义的私人占有之间的矛盾日益尖锐，生产力在发展，产品供给在增大，而可变资本在相对减少，劳动人民的购买力在降低，供给与需求相比，生产出现了相对过剩，与生产相对过剩相伴随的是资本过剩和人口过剩，经济危机周期性爆发。

2. 利润率下降并不排斥利润量增加 一般利润率下降是指社会利润总量（剩余价值总量）与社会总资本相比较，利润率这个相对量在降低。但是，这绝不排斥社会资本所推动和剥削的劳动的绝对量在增大，因而社会资本所占有的剩余劳动的绝对量也在增大；同样也绝不排斥单个资本家所支配的资本，支配着日益增加的劳动量，从而支配着日益增加的剩余劳动量，甚至在工人人数不增加的情况下，也支配着日益增加的剩余劳动量。

3. 单个商品价格下降而利润量可能增加 随着劳动生产率提高，单位时间内生产的商品数量在增加，单个商品的（价值）价格会下降，利润率也会下降，但是利润量有可能增加，这是利润率下降规律的另一种表现。

阻碍和抵消利润率下降的因素图①

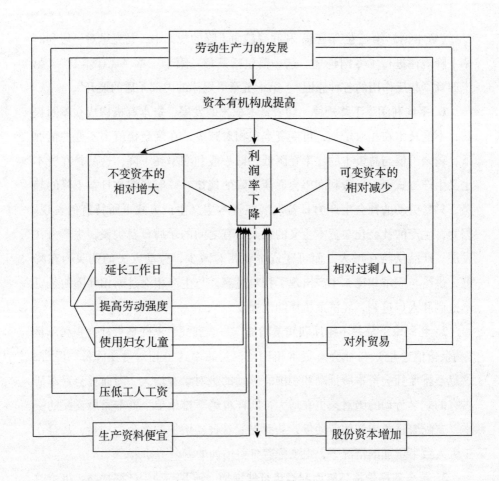

---

① 本图的理论依据是《资本论》第三卷 第三篇 第十四章"起反作用的各种原因"。详见《资本论》第三卷第258—268页。

192

"阻碍和抵消利润率下降的因素图"解读

在资本主义生产方式下，一般利润率会逐渐下降，这是一个趋势。一方面，随着资本有机构成不断提高，总资本在不断增加，不变资本与可变资本相比较也在相对增加，在剩余价值率不变的情况下，利润率在逐渐下降，但同时也有诸多因素阻碍和抵消利润率下降。

1. 劳动剥削程度的提高　（1）工作日的延长。不需要增加机器设备，就会使固定资本相对地减少，有机构成下降，剩余劳动时间增加，利润量增加，阻碍利润率下降。（2）劳动强度提高。使一定量的劳动尽可能多地转化为剩余价值，增加利润量，从而阻碍利润率下降。（3）大规模地使用妇女劳动和儿童劳动，扩大剥削范围增加剩余劳动量。

2. 工资被压低到劳动力的价值以下　这是阻碍利润率下降趋势的最显著的原因。因为：一方面使得预付的可变资本减少了，从而总资本量减少了；另一方面在工人新创造的价值中，作为工资的部分减少了，作为剩余价值的部分就相对地增加了。总资本量减少，剩余价值量增加，就会阻碍利润率下降。

3. 不变资本各要素变得便宜　随着资本主义的发展，劳动生产率的提高，一方面是不变资本的物质量（生产资料的数量）在增加，另一方面某一单位生产资料商品的价值在降低。这就是说，技术构成和价值构成不一致，技术构成提高比价值构成提高得快，同时现有设备也会贬值，这就延缓了利润率的下降。

4. 相对人口过剩　一方面，相对过剩人口的存在，使资本家提高对产业工人的剥削程度，压低产业工人的工资。增加剩余价值量，阻碍利润率下降；另一方面，相对过剩人口的存在，会阻碍有机构成的提高，延缓利润率下降。

5. 对外贸易　一方面，使得不变资本的要素（如进口廉价的原料）变得便宜；另一方面使得可变资本转化成的必要生活资料（如进口廉价的粮食等）变得便宜，它具有提高利润率的作用。

6. 股份资本的增加　随着资本主义的发展，股份资本日益增加。股份资本不参加平均利润的分配，作为股份资本，按期按股得到股息，股息不是平均利润，而是比一般利息高的红利，它低于平均利润。如果把股份资本并入总资本，参加利润率的平均化过程，那么，平均利润率就会下降得更厉害。如果股份资本不参加利润率的平均化过程，那么，从理论上说就会阻碍利润率的下降。

总之，作为一种趋势，利润率下降规律的绝对的实现，被这些起反作用的因素所阻碍、延缓和减弱。

"商品经营资本"表解[①]

	内　容
商品 经营 资本	只要处在流通过程中的资本的这种职能（W—G）独立起来，成为一种特殊资本的特殊职能，并且固定下来，成为一种由分工给予特殊种类资本家的职能，商品资本就成为商品经营资本或自营资本。可见，商品经营资本是由商品资本转化而来的，是产业资本的循环阶段独立发挥职能作用的结果。
商品 经营 资本 是 一 种 独 立 执 行 职 能 的 资本	商品经营资本的运动形式 G—W—G'。 　　首先，从运动的第一阶段 G—W 看，商业资本家向产业资本家购买商品后，商品所有权发生了转移，现在出售商品成为商业资本家的特殊职能。 　　其次，从运动的第二阶段 W—G' 看，如果商业资本家还没有把原来的商品卖掉，他就不能继续向产业资本家购买商品。可见商品经营资本无非是商品资本的转换形态。不过，商业资本家的活动已成为一种特殊的投资业务而独立起来。 　　最后，把商品经营资本的总运动形式 G—W—G' 和产业资本流通过程中的商品流通形式 W'—G—W 加以比较可以看到：（1）前者是同一商品两次换位，后者是同一货币两次换位；（2）当商品从产业资本家手中转换到商业资本家手中时，商品并没有最后卖掉，必须由商业资本家继续从事售卖商品的活动；（3）产业资本家 W—G 的形态变化，对商人来说却是 G—W—G' 一种独特的资本演化。总之，商品经营资本的运动形式表明，它是一种独立执行商品资本职能的资本。
原因	商人付货币用来实现商品资本的形态变化，即实现这种商品向货币的转换。通过这种职能，商人把他的货币转化为货币资本，把它的 G 表现为 G—W—G'，并且通过同一过程，他把商品资本转化为商业经营资本。

---

① 本表是依据《资本论》第三卷 第四章 第十六章"商品经营资本"整理的。详见《资本论》第三卷第 297—312 页。

		内　　容
作用	对产业资本	（1）缩短产业资本循环的流通过程。产业资本家只要把商品卖给了商业资本家，就完成了商品的货币转换，他就能用由此得到的货币购买生产资料。（2）节省产业资本循环过程中的货币准备。产业资本家为了不使生产中断，在商品卖给消费者之前，必须准备必要的货币。现在，由于商业资本家的加入，产业资本家提前把商品卖给了商业资本家，因此可以减少货币准备量。（3）节省产业资本家用于商品售卖上的时间，从而相对增加了他监督生产的时间。
作用	对社会总资本	（1）由于分工，商业经营资本专门从事商品买卖活动，因此，他比产业资本家经营买卖时所需要的资本要小。（2）商人专门从事这种业务，能够更快地完成商品到货币的形态变化。（3）就全部商业资本同产业资本的关系看，商业资本的一次周转，不仅可以代表一个生产部门许多企业资本的周转，而且可以代表不同生产部门若干资本的周转。商业资本的周转，在代表前者时，受一个生产部门总生产的限制，在代表后者时，受社会生产发展状况的限制。
影响商品经营资本必要量的因素		第一，商业资本的周转速度。它的周转速度越快，总货币资本中充当商业资本的部分就越小，反之则相反。而商业资本的周转速度取决于：（1）生产过程更新的速度和不同生产过程相互衔接的速度；（2）消费的速度。 第二，商业资本与信用制度相结合。在商业活动中，信用制度越发达，商业资本的货币资本部分与它所进行的交易量相比就越小。
总结		因此，商人资本既不创造价值，也不创造剩余价值，就是说，它不直接创造它们。但既然它有助于流通时间的缩减，它就能间接地有助于产业资本所生产的剩余价值的增加。既然它有助于市场的扩大，并对资本之间的分工起中介作用，因而使资本能够按更大规模来经营，它的职能就会提高产业资本的生产效率和促进产业资本的积累。既然它会缩减流通时间，它就会提高剩余价值和预付资本的比率，也就是提高利润率。既然它会把资本的一个较小部分作用于货币资本束缚的流通领域中，它就会扩大直接用于生产的那部分资本。

商业利润来源图解

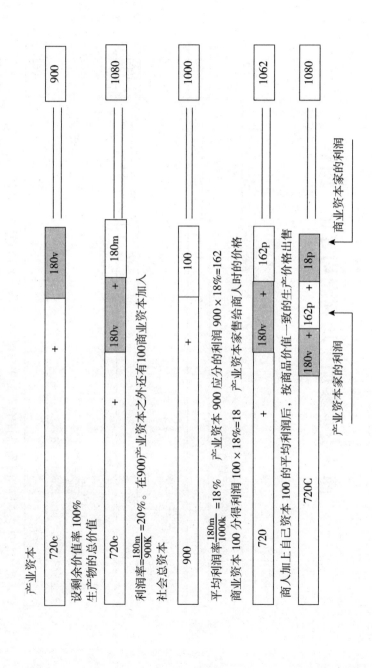

"商业资本参加平均利润均等化" 图解

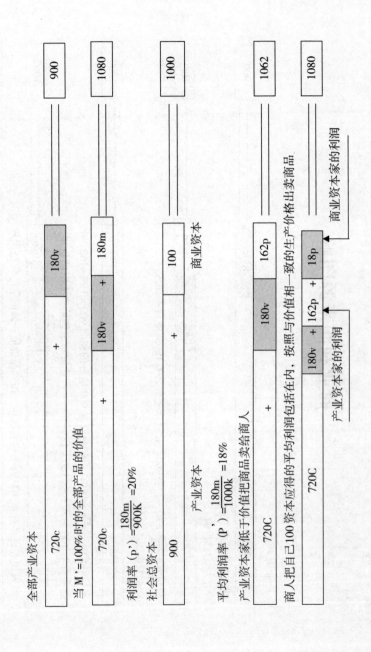

全部产业资本

720c + 180v = 900

当 M'=100%时的全部产品的价值

720c + 180v + 180m = 1080

利润率 (p') $\frac{180m}{900K}$ =20%

社会总资本

900 + 100 = 1000

　　产业资本　　　商业资本

平均利润率 (P') $\frac{180m}{1000K}$ =18%

产业资本家低于价值把商品卖给商人

720C + 180v + 162p = 1062

商人把自己100资本应得的平均利润包括在内，按照与价值相一致的生产价格出卖商品

720C + 180v + 162p + 18p = 1080

产业资本家的利润

商业资本家的利润

"商品经营资本的周转" 表解①

	内　　容
什么是商品经营资本周转	商人先是买，把他的货币转换为商品，然后是卖，把同一商品再转换为货币，并且这样反复不断地进行下去。因此，它和产业资本不同：（1）后者是生产时间和流通时间的统一，前者只有流通时间；（2）后者的形态变化表现为 $W_1—G—W_2$，是同一货币两次转手，货币在两种不同商品的交换中起中介作用；前者的形态变化为 $G—W—G'$，两次转手是同一商品，它在货币重新流回商业资本家手中起中介作用。
周转的两个界限	第一，因为它向产业资本家购买商品，所以受产业资本生产时间的限制； 　　第二，因为它要把商品卖给消费者，所以受个人消费速度和规模的限制。
周转所起的作用　对危机的影响	商业资本会缩短生产资本 $W—G$ 的阶段，由于资本主义的信用制度，商业资本家能够支配社会总货币资本中一个很大的部分，因此在他购买的商品未完全卖出之前，又能重新购买，造成虚假需求，促进生产的盲目发展。 　　在危机前的虚假繁荣时期，由于大商业的大量购进商品，助长了产业资本家的盲目发展生产，从而大大超过了需求。一旦商品滞销，货币回流迟缓，银行就催收贷款，甚至强制大商业资本家拍卖，致使个别商业资本家破产，接着产生连锁反应，于是危机爆发，一下子结束了虚假的繁荣。

---

① 本表是依据《资本论》第三卷 第四篇 第十八章 "商人资本的周转价格" 整理的。
详见《资本论》第三卷 338—351 页。

		内　容
周转所起的作用	对一般P′的影响	对商业资本来说，一般利润率是一个已定的量，一方面取决于产业资本生产的利润量，另一方面取决于商业资本在社会总资本中的相对量。在社会总资本中，商业资本的相对量越小，产业资本的相对量就越大，因而，可以提高一般利润率。而商业资本在社会总资本中的相对量，又由它本身的周转速度决定。它的周转速度越快，所需的商业资本越小，因而在社会总资产中占的相对量越小，从而能够间接提高一般利润率。可见，产业资本的周转对一般的利润率发生直接的影响，而商业资本的周转对一般利润率则发生间接的影响。
	对价格影响	商业资本周转的速度对商品售卖价格的影响。如果商业资本在社会总资本中相对量是已定的，那么归于商业资本所有的利润总量也是已定的。不同商业部门中商业资本周转上的差别，对利润总量和一般利润率都不发生影响。如果不是这样，就会和等量资本获取等量利润的规律相矛盾。因此，不同商业部门商业资本周转的次数，会直接影响商品的出售价格。例如在利润率15%时，商业资本家预付的资本100，如果一年周转商品按115的价格出售，他的资本一年周转五次，商品就会按103的价格出售。可见，商业加价的多少，一定资本的商业利润中加到单个商品生产价格上的部分的大小，和不同营业部门的商业资本的周转次数或周转速度成反比。

"货币经营资本" 表解①

	内　容
定义	货币经营资本，是从社会资本中分离出来的并独立起来的一定部分的货币。它的职能是完成产业资本和商品经营资本在流通过程中各种技术性业务。正如商品经营资本是产业资本中的商品资本的独立化形式一样，货币经营资本是产业资本中的货币资本的独立化形式。
性质	货币经营资本执行的职能，是从货币的多种职能中演化而来的，它执行货币的职能；同时，它又是产业资本的货币独立化形式，执行资本的职能，获取平均利润。
基本业务	（1）在商品买卖中执行流通手段职能的货币，自然形成记账、出纳和保管等项业务；（2）在货币作为支付手段执行职能时，必然需要结算和平衡差额；（3）在货币执行贮藏手段，除收付、记账时还要保管贮藏的货币。
发生发展	兑换业、金银、贸易是货币经营业的自然基础。货币经营资本是从贸易中发展起来的。由于各国有其不同的铸币，因此，国际贸易需要把本国的铸币，换成他国的铸币，或者换成世界货币—金银，于是产生了兑换业。它是资本主义货币经营资本的自然基础之一。金银贸易是货币经营资本的自然基础。作为世界货币的金银，既能用来平衡国际支付，又能作为资本输出取得利息，或者直接与他国进行商品交换。因此，兑换业和金银、贸易是货币经营业的自然基础和原始形式。

---

① 本表的依据是《资本论》第三卷 第四篇 第十九章 "货币经营资本"。详见《资本论》第三卷 第352—360 页。

"货币经营资本"表解

	内　容
职能	从资本主义的观点来看，货币流通只是当作商品流通的一个要素，货币经营业所做的，只是货币流通所引起的技术性业务，使之集中、缩短和简化。例如，货币经营业不形成货币贮藏，只为货币贮藏提供技术手段，通过它的管理可以减少各个资本家为购买手段和支付手段而贮藏的准备金；货币经营业不购买贵金属，只是在商品经营业买了贵金属以后，对它的分配起中介作用；货币经营业会使货币执行支付手段职能时的差额平衡易于进行，并且会通过各种人为的结算机构减少平衡差额的货币量；货币经营业在货币执行购买手段职能时，不决定商品买卖范围和次数，只能缩短买卖所引起的各种技术活动，并由此减少这种周转所必需的货币现金量。 　　可见，货币经营资本的职能只是商品流通的一个要素，即与货币流通的技术和由此产生不同的货币职能有关。
与商品经营资本在运动形式上的区别	商品经营资本有其独特的流通形式，即G—W—G，而货币经营资本就没有独特的运动形式，而是通过资本的一般形式G—G′表现出来。不过，在货币经营资本的G—G′中，和商品形态变化的物质要素无关，而只和技术要素有关。
三点说明	第一，不论货币经营资本的量，还是它的活动，都取决于产业资本和商品经营资本在流通中的货币资本量及其活动。 　　第二，货币经营资本不创造价值和剩余价值，因此，它所获取的利润只能是剩余价值的一部分。 　　第三，货币经营资本的独立化，并不排斥产业资本家和商品经营资本家兼容由货币流通引起的技术业务，也就不排斥他们投资于货币经营业。

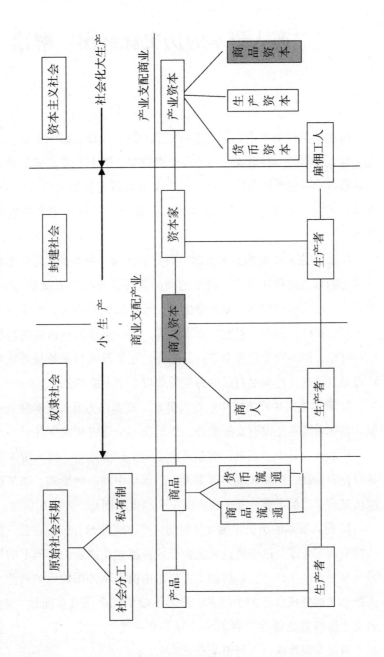

商人资本的历史脉络图

"商人资本的历史脉络图" 解读

　　马克思在《资本论》第三卷 第二篇 第十六章、第十七章、第十八章研究了商人资本的一种形式——商品经营资本，第十九章研究了商人资本的另一种形式——货币经营资本，第二十章重点研究资本主义以前的商人资本，以及它与资本主义商人资本的区别，商业资本在资本主义产生和发展中的作用。

　　1. 资本主义以前的商人资本　马克思认为，商人资本是资本在历史上更为古老的自由的存在方式。简单的商品流通和货币流通就是它的存在条件。商品不论是原始共同体，或奴隶生产，或小农民和小市民的生产，或资本主义生产，都没有关系。对商人资本来说，唯一必要的事情是这两极作为商品已经存在，而不管生产完全是商品生产，还是投入市场的只是独立经营的生产者靠自己的生产满足自己的直接需要以后余下的部分。

　　2. 资本主义生产方式中的商人资本　资本作为商人资本独立地存在和发展，意味着资本还没有支配生产，还是在一个与它相独立并且不相适应的社会生产形式的基础上发展。而在资本主义生产方式中，商人资本不再是独立地存在和发展，而是表现为资本再生产运动中的一种形式。如果说资本主义以前是商业支配产业，那么在资本主义制度下则是产业支配商业。

　　3. 商人资本的历史作用　从封建生产方式开始有三重过渡。第一，商人直接变成工业家。这一种过渡适合于各种建立在商业的基础上的行业，特别是从事奢侈品生产并且原料和工人都是由商人从外国输入的行业。第二，商人把小老板变成自己的中间人；或者不要中间人而直接向独立生产者购买，名义上保持着这种生产者的独立和不变的生产方式。第三，产业家变成商人，直接为商业进行大规模生产。

生息资本结构图①

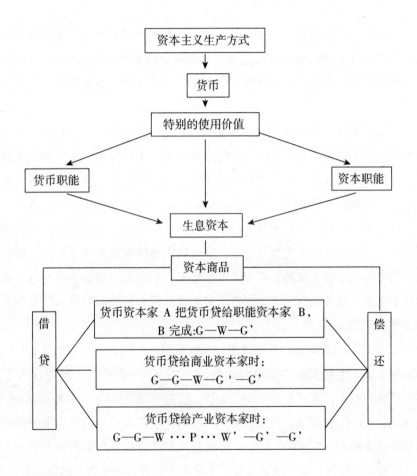

①　本图的依据是《资本论》第三卷 第五篇 第二十一章，在这里马克思重点研究了生息资本、借贷资本、利息等重要范畴。详见《资本论》第三卷第377—400页。

"生息资本结构图" 解读

生息资本和商业资本一样，是一种历史悠久的资本形态。在不同的历史时期，它具有不同的形态。在原始社会末期，以及奴隶社会和封建社会中，生息资本的形态表现为高利贷资本。在资本主义社会，生息资本则表现为借贷资本。

1. 借贷资本、生息资本、资本商品和利息 简单地说，借贷资本就是货币资本家为了取得利息，暂时贷给职能资本家的货币资本。在资本主义制度下，作为资本的货币，有一种特殊的使用价值，可以给它的所有者带来剩余价值或平均利润。货币资本家把他的货币，按一定期限贷给职能资本家，实际上就是把货币的这种作为资本的使用价值，即生产利润的能力，让渡给职能资本家。一旦货币作为生息资本，这时的货币资本就变成了商品，即作为资本的商品——资本商品。职能资本家把平均利润的一部分当作利息，交给货币资本家，这就是生息资本表现出来的货币资本家和职能资本家之间的经济关系或契约关系。

2. 生息资本的运动：双重支出，双重回流 A 代表货币资本家，B 代表职能资本家。生息资本的运动公式是：$G—G—W—G'—G'$。货币在 B 手中实际转化为资本，完成 $G—W—G'$ 运动，然后 G' 作为 $G+\triangle G$ 回到 A 手中，在这里，$\triangle G$ 代表利息。所谓双重支出：第一次支出是货币资本家把货币贷给职能资本家 $G—G$；第二次支出是职能资本家购买生产资料和劳动力 $G—W$。所谓双重回流：第一次回流是职能资本家把带有剩余价值的商品卖出去，取得货币 $W—G'$，第二次回流是职能资本家把生息资本和利息归还给货币资本家 $G'—G'$。

3. 生息资本运动特征 生息资本运动的独特性质，就在于资本是作为商品出现的，即在于它的资本商品。具体表现为：（1）生息资本一开始就是当作资本，它才成为商品，它不是一般的商品，而是一种特殊商品，即资本商品；（2）资本商品不是被卖出，而只是被贷出，其所有权仍在货币资本家手中；（3）这种资本商品之所以能贷出，是因为它具有特殊的使用价值，它能带来剩余价值或平均利润，职能资本家借入资本商品，取得货币资本使用权；（4）货币资本家让渡货币资本使用权，得到利息，利息是平均利润的一部分，由职能资本和分割给货币资本家。

4. 生息资本的实质　生息资本是一种特殊商品——资本商品。在生息资本的场合，资本家剥削工人的关系被掩盖了，资本关系更加神秘化了。资本关系表现为货币资本家与职能资本家的关系，资本家与工人的关系看不见了。

资本和盈利的划分图①

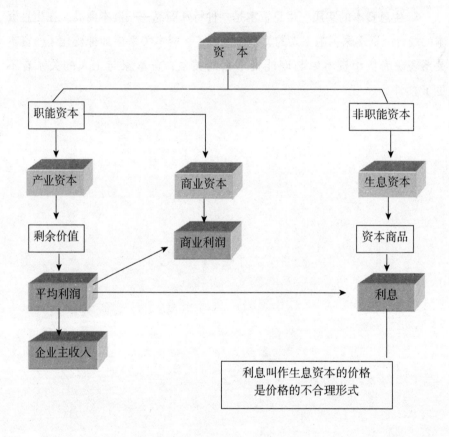

---

① 《资本论》第三卷 第五篇 第二十一章、第二十二章、第二十三章 第二十四章，马克思重点研究了什么是生息资本和利息，平均利润如何分割为商业利润、利息和企业主收入，其假定的前提条件是资产阶级只有货币资本家集团和职能资本家集团。

"资本和盈利的划分图" 解读

1. 资本划分：职能资本和非职能资本　职能资本是对剩余价值的生产和实现，实际发挥了职能作用的资本。在内容上职能资本主要包括产业资本和商业资本两种形式，产业资本生产剩余价值，商业资本实现剩余价值。职能资本所获得的利润，在数量上相当于平均利润。通常情况下，只有职能资本才能获得平均利润，而非职能资本（如借贷资本）所获得的收益（利息）则小于平均利润。

2. 利润分割：企业主收入和利息　在各个产业资本和商业资本的循环和周转中，有时会出现暂时闲置的货币资本，有时又会出现对货币资本的需求。随着资本主义的发展，产生并形成为获取利息而将货币资本暂时放贷给职能资本家使用的借贷资本。借贷资本是从职能资本的运动中（归根结底是从产业资本的循环中）独立出来的资本形式。借贷资本出现后，原来使用自有资本的职能资本家，现在如果用借入的资本从事经营，就必须按期从获取的利润中取出一部分作为利息，支付给借贷资本家。剩下的利润余额，才是归职能资本家占有的企业主收入，即支付利息后的产业利润和商业利润。

3. 借贷资本家和职能资本家　借贷资本的所有者不直接使用资本，而把资本的使用权转给职能资本家，从而产生了资本所有权与资本使用权的分离。这时，同一资本要通过双重的完全不同的运动：拥有所有权的借贷资本家只是把资本贷放出去，职能资本家则用借入的资本从事经营。这个资本对借贷资本家来说，是作为所有权的资本；对于职能资本家来说，是作为职能的资本。借贷资本家和职能资本家互相对立，不仅在法律上有不同的身份，而且在再生产过程中起着完全不同的作用。

4. 资本所有权和资本使用权的分离　平均利润分割为利息和企业主收入，使职能资本家和借贷资本家同雇佣劳动者之间的对立，表现为职能资本家同借贷资本家之间的对立，从而产生了种种假象，进一步掩盖了资本对雇佣劳动的剥削关系。一方面，利息表现为资本所有权的产物，表现为货币资本本身的自然产物，好像利息反映的只是借贷资本家同职能资本家之间的关系，不是资本家同雇佣劳动者之间的关系，这样在利息的形式上，资本与雇佣劳动的对立就消失了。另一方面，企业主收入则表现为职能资本家在再生产过程中执行职能的结果，似乎只有借贷资本家才是不劳动的，职能资本家却具有监督劳动和管理劳动的职能，企业主收入则表现为这些劳动的报酬，表现为监督工作和管理工作，从而歪曲了资本与劳动之间的剥削与被剥削的对立关系，使资本主义生产关系更加隐蔽化和神秘化。事实上，"在再生产过程中，执行职能的资本家作为别人所有的资本的代表，同雇佣工人相对立；货币资本家则由执行职能的资本家来代表，参与对劳动的剥削"①。资本所有权与资本使用权的分离，并没有改变资本家的剥削实质。而利润分割为企业主收入和利息，只是采取了不同的表现形式，实质上都是雇佣劳动者所创造的剩余价值的转化形式。

---

①　马克思．资本论：第三卷［M］．北京：人民出版社，1975：427．

资本关系在生息资本形式上的外表化图①

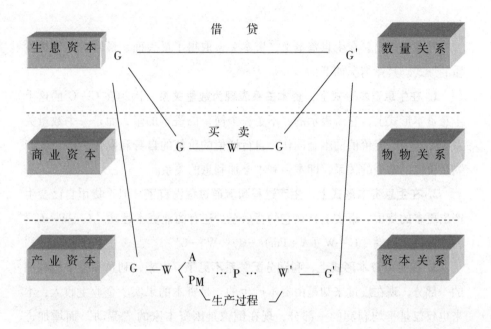

---

① 马克思在《资本论》第三卷 第五篇 第二十四章 专题论述了资本关系在生息资本形式上的外表化。具体内容详见《资本论》第三卷 第440—449页。

"资本关系在生息资本形式上
的外表化图"解读

马克思指出，在生息资本上，资本关系取得了最表面、最富有拜物教性质的形式。具体情况如下：

1. 在生息资本形式上，资本关系表现为数量关系 因为在 G—G′的这个生息资本形式上，它所表示的，不是一个简单的资本的量，而是一个数量关系，是作为一定价值的本金同作为自行增值的价值的自身和同作为已经生产剩余价值的本金的关系，即本金和本金加利息的关系。

2. 在生息资本形式上，生产过程和流通过程没有了 似乎货币自己会生产出更多的货币。事实上，在它的背后至少还有商业资本运动"G—W—G′"和产业资本运动"G—W（A+Pm）…P… W′—G′"。

3. 在生息资本形式上，利润分配关系不见了 本来，利息只是平均利润的一部分，现在反过来却是由资本产生的，是资本的果实。企业主收入，本来也仅仅是平均利润的一部分，现在倒像是因资本家的"劳动"而增加进来的。

总之，在生息资本形式上，资本关系被货币的数量关系掩盖了，资本家与资本家的利益分配关系模糊了，资本家与雇佣工人的关系不见了，生产过程和流通过程没有了，借贷关系和利息关系凸显了。

信用和虚拟资本图

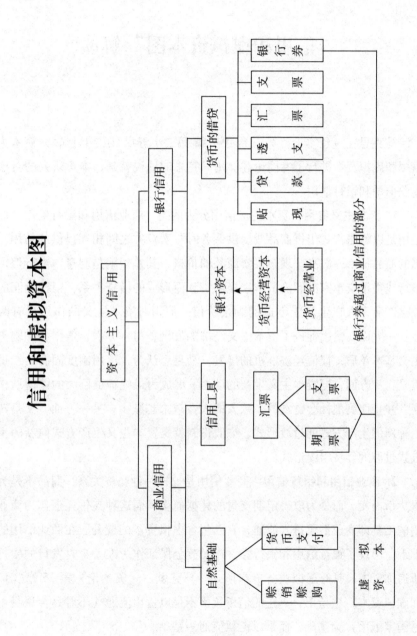

"信用和虚拟资本图" 解读

马克思在《资本论》第三卷 第五篇 第二十五章 第二十七章 对资本主义信用和虚拟资本进行了专门论述。用马克思的话说就是，本章研究的对象是商业信用和银行信用。

1. 资本主义信用　资本主义信用分为两类：商业信用和银行信用。商业信用是以赊账方式出售商品或提供劳务时买卖双方之间相互提供的信用。赊销的商品价格一般高于现金买卖商品的价格，其差额就是利息。银行信用是银行或货币资本家向职能资本家提供贷款而形成的借贷关系，银行利润的来源是产业工人在生产中创造的剩余价值。信用对资本主义的作用具有两重性：一方面，信用促进了资本主义经济的发展；另一方面，信用会加剧资本主义基本矛盾，促使经济危机的爆发。马克思认为，信用制度固有的二重性质是：一方面，把资本主义生产的动力发展成为最纯粹最巨大的赌博欺诈制度，并且使剥削社会财富的少数人的人数越来越减少；另一方面，又是转到一种新的生产方式的过渡形式，如股份制就是资本主义生产方式向新的生产方式过渡的经济组织形式。

2. 商业信用和银行信用　商业信用是这样一种经济关系：商品不是为取得货币而卖，而是为取得定期支付的凭据而卖，而这种支付凭据作为商业信用的工具即商业汇票进入流通，它已包含虚拟资本的成分。在商业信用的基础上，出现了银行信用和银行券。在无黄金保证作为准备金时发行的银行券所追加资本，具有虚拟经济资本形式。马克思在《资本论》第 25 章《信用和虚拟资本》中指出，真正的信用货币不是以货币流通（不管是金属货币还是国家纸币）为基础，而是以汇票流通为基础。

3. 虚拟资本　虚拟资本是伴随货币资本化的过程而出现的，是生息资本的派生形式。生息资本的产生导致资本所有权与使用权的分离，造成了法律上的所有者与经济上的所有者的分离，并创造出一种特定的市场即金融市场，创造出一种特殊形式的资本，造成一种"资本化"的假象：一方面每一个确定的有规则的货币收入都表现为一定资本的利息，而不管这种收入是否是由资本主义产生；另一方面有了生息资本，每一个价值额只要不是当作收入花费掉，都会表现为资本。马克思指出：人们把虚拟资本的形成叫作资本化，人们把每一个有规则的会反复取得的收入按平均利息率来计算，把它算作按这个利息率贷出的资本会提供的收入，这就把这个收入资本化了。

4. 信用工具　信用工具是指以书面形式发行和流通、借以保证债权人或投资人权利的凭证，是资金供应者和需求者之前继续进行资金融通时，用来证明债权的各种合法凭证。信用工具也叫金融工具，是重要的金融资产，是金融市场上重要的交易对象。信用工具一般由五大要素构成：（1）面值，即凭证的票面价格，包括面值币种和金额；（2）到期日，即债务人必须向债权人偿还本金的最后日期；（3）期限，即债权债务关系持续的时间；（4）利率，即债权人获得的收益水平；（5）利息的支付方式。商业信用工具主要是商业票据。它是在商业信用中，表明债务人有按照约定期限无条件向债权人偿付债务的义务的合法凭证。商业票据有期票和汇票两种。银行信用工具有银行券和支票。国家信用工具主要是政府债券，其中国库券是由政府发行的一种筹借短期性借款的证书；而公债券则是政府为取得长期借款向债权人开具的债权凭证。国家信用债券的持有者除定期向债券发行者取得利息外，到期还要收回本金。社会信用和股份信用工具主要有股票和公司债券。

利息率变动曲线①

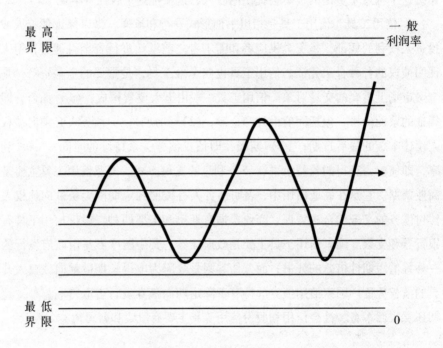

最　高
界　限　　　　　　　　　　　　　　　　　　一　般
　　　　　　　　　　　　　　　　　　　　　利润率

最　低
界　限　　　　　　　　　　　　　　　　　　0

---

① 利息率是指一定时期内利息额与借贷资本额即本金的比率。利率是决定企业资金成
本高低的主要因素，同时也是企业筹资、投资的决定性因素。在平均利润率（一般
利润率）既定的情况下，利息率的变动取决于利息和企业利润的分配比例，取决于
借贷资本的供求关系。详见《资本论》第三卷的401—439页。

"利息率变动曲线"解读

　　马克思关于利息率变动理论多见于《资本论》第三卷 第五篇"利润分为利息和企业主收入，生息资本"。

　　1. 利息率的高低是由借贷资本的供求决定的　　马克思认为，利息率的大小完全是由借贷资本市场上货币资本的供求关系来决定的，当货币资本供不应求时，利息率就上升，而供过于求时，利息率就下降。在这里，竞争起着决定性作用，此外法律、传统习惯等方面也起作用。

　　2. 利息率的最高界限　　因为利息只是利润的一部分，所以从量上看，利润本身就成为利息的最高界限。同样，从利息率与利润率的关系来看，在正常的社会经济条件下，利息率绝不会高于社会平均利润率，而只能在平均利润率的范围内变动，马克思说："在这个意义上我们可以说，利息是由利润调节的，确切些说，是由一般利润率调节的。并且，这种调节利息的方法，甚至也适用于利息的平均水平。"① "不管怎样，必须把平均利润率看成是利息的有最后决定作用的最高界限。"② 这就是说，利润率只能规定利息率变动的上限，而不能确定利息率水平；利润率只能调节利息率的总趋势，而不能影响利息率的具体变化。

　　3. 利息率在资本主义再生产周期的各个阶段各不相同　　资本主义再生产周期，可以分为危机、萧条、复苏、繁荣四个阶段，马克思对利息率分别在这四个阶段的波动情况进行了分析。在危机时期，对借贷资本的需求达到了最高限度，因此利息率也达到了最高限度。危机时期借贷资本的供不应求，产业资本的需求下降，说明这时的借贷资本并没有转化为产业资本，因而利

---

　　① 马克思 . 资本论：第三卷 ［M］. 北京：人民出版社，1975：403.
　　② 马克思 . 资本论：第三卷 ［M］. 北京：人民出版社，1975：403.

息率可以不顾利润率的限制而上升。在危机过后的萧条阶段，利息率开始下降。主要原因是，生产规模缩小，一部分产业资本游离出来存入银行形成借贷资本，从而使借贷资本的供给增加了，但在同时，危机所造成的后果还未消失，资本家还不需要大量借款来扩大再生产，因此，利息率下降不仅是危机阶段所引起的后果，也是萧条向复苏过渡的一个条件。进入复苏和繁荣阶段，对商品需求增加，促使生产扩大，从而对借贷资本的需求增加，借贷资本的供给也在增加。这时，借贷资本与产业资本，利息率与利润率是同步运动的，利息率上升，但不高。总之，如果我们考察一下现代工业在其中运动的周转周期……我们就会发现，低利息率多数与繁荣时期或有额外利润的时段相适应，利息的提高与从繁荣到下一周期这一过渡阶段相适应，而达到高利贷极限程度的最高利息则与危机相适应。

"信用在资本主义生产中的作用" 表解[①]

	内　　容
地位	资本主义生产是建立在等量资本家要获取等量利润及利润率平均化的基础上。利润率平均化是通过资本在各部门之间自由转移实现的。信用制度既是资本在各个部门自由运动的必然产物，又有助于资本在各个部门之间的自由运动。
信用对减少流通费用的作用	1. 信用减少金属货币本身的生产和磨损方面的费用。通过信用，金属货币以三种方式得到节约：（1）信用使相当大的一部分交易用不着货币；（2）信用加速货币的流通，从而减少货币需求量；（3）信用制度的发展使金币为纸币所代替从而节约金币。 　　2. 信用加速资本的流通，从而节约流通费用。通过信用加快了整个生产过程，从两方面减少了在货币形态上的准备金：一方面减少了作为购买手段的准备金；另一方面减少了不断存在于货币形态上的那部分资本。
信用的二重性	信用制度的二重性质：一方面把资本主义生产的动力——用剥削别人劳动的办法来发财致富——发展成为最纯粹最巨大的赌博欺诈制度，并且使剥削社会财富的少数人的人数越来越减少；另一方面，又是转到一种新生产方式的过渡形式。正是这种二重性质，使信用的主要宣扬者，从约翰·罗到伊萨克·贝列拉，都具有这样一种有趣的混合性质：既是骗子，又是预言家。

---

①　本表所涉及内容详见《资本论》第三卷 第二十七章 第492—499页。

银行资本构成图①

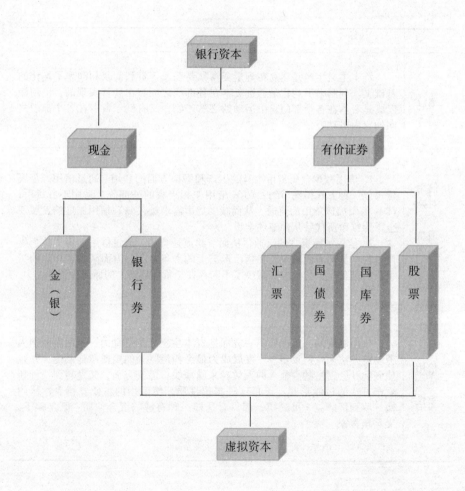

---

① 本图的理论依据是《资本论》第三卷 第八篇（续）第二十九章"银行资本的组成部分"。详见《资本论》第三卷第525—538页。

"银行资本构成图" 解读

马克思在《资本论》第三卷 第五篇（续）第二十九章 "银行资本的组成部分" 中，对银行资本进行了重点阐述。随着金融业的发展，我们现在所说的银行资本与马克思当年研究的对象，有了很大的变化。为了与时俱进，这里我们以《资本论》为依据，结合当前的实际情况，全面理解银行资本的构成。

1. 银行资本　（1）现金是指立即可以投入流通的交换媒介。它具有普遍的可接受性，可以有效地立即用来购买商品、货物、劳务或偿还债务。（2）银行券是由银行（尤指中央银行）发行的一种票据，俗称钞票。银行发行的、用以代替商业票据的银行票据的一种表征货币，产生于货币执行支付手段的职能，以商业票据流通为基础。有价证券，是指标有票面金额，用于证明持有人或该证券指定的特定主体对特定财产拥有所有权或债权的凭证。（3）有价证券是虚拟资本的一种形式，它本身没有价值，但有价格。有价证券按其所表明的财产权利的不同性质，可分为三类：商品证券、货币证券及资本证券。

2. 有价证券　有价证券有广义与狭义两种概念。狭义的有价证券是资本证券，广义的有价证券包括商品证券、货币证券和资本证券。（1）商品证券是证明持券人有商品所有权或使用权的凭证，取得这种证券就等于取得这种商品的所有权，持券者对这种证券所代表的商品所有权受法律保护。属于商品证券的有提货单、运货单、仓库栈单等。（2）货币证券是指本身能使持券人或第三者取得货币索取权的有价证券，货币证券主要包括两大类：一类是商业证券，主要包括商业汇票和商业本票；另一类是银行证券，主要包括银行汇票、银行本票和支票。（3）资本证券是指由金融投资或与金融投资有直接联系的活动而产生的证券。持券人对发行人有一定的收入请求权，它包括股票、债券（企业债券、国债、国库券等）及其衍生品种如基金证券、可转换证券等。资本证券是有价证券的主要形式，狭义的有价证券即指资本证券。在日常生活中，人们通常把狭义的有价证券——资本证券直接称为有价证券乃至证券。

3. 银行准备金和法定存款准备金率   为安全起见，银行需要提留一定比例的存款，以保证储户提款，其余的存款才能用于放贷或投资，这部分存款叫银行准备金。法定存款准备金率是指一国中央银行规定的商业银行和存款金融机构必须缴存中央银行的法定准备金占其存款总额的比率。调节法定存款准备金率，是国家调节货币政策的有效方法。

"货币资本和现实资本" 表解①

	内　　容
问题的提出	1. 借贷货币资本的积累，究竟在什么程度上标志现实的商品资本和生产资本的积累，又在什么程度上不是这种标志？ 　2. 借贷货币资本的不足，在什么程度上反映现实资本的不足，又在什么程度上同货币流通手段的不足相一致？
国债券股票积累	国债资本的积累，不过表明国家债权人阶级的增加，这种国家债务积累和实现资本的积累毫无关系。国家用发行国债券借来的资本早已用掉，这些国债券不过是已经消费的资本的纸质复本，只是它们是可卖商品，因而可以在转化为资本的情况下，对它们的所有者来说，就作为资本执行职能而已。 　股票是现实资本所有权证书。作为纸质复本，它们的价值额的涨落和它们代表的现实资本价值变动完全无关。它们的价值额的变动取决于股息、利息率和对股票的供应关系。就其本质来说，它们价值额的变动越来越成为赌博的结果。现在靠买卖股票的赌博来积累货币资本，代替了过去直接用暴力夺取资本财产的原始方法。

① 《资本论》第三卷 第五篇 第三十、三十一、三十二章研究的都是"货币资本和现实资本"。这里的货币资本实际上就是借贷资本，这里的现实资本实际上就是生产资本和商品资本。这三章集中要解决的是货币资本积累和现实资本积累的关系问题。详见《资本论》第三卷第539－589页。

	内　容
商业信用和现实资本的关系	（1）商业信用是从事再生产的资本家互相提供的信用。它的代表是汇票，汇票是债务人开出的一种延期支付证书。 （2）商业信用循环中的特点有两个。第一，互相的债权抵销，取决于资本的回流，即商品如期转化为货币。因此，这种支付取决于再生产的顺利进行。第二，这种信用制度，不排斥现金支付。因为：①工资、税款等总是要用现金支付；②信用期限的参差不齐，例如 A 给 B 的汇票期限短于 C 给 A 的汇票期限，为此，A 必须握有现金；③如果债权的序列不是循环回转，那这样的债权只有用现金结算。 （3）商业信用就其自身来说有着两个界限：①职能资本家所能支配的准备金；②商品能否全部出售以及售价的高低。 （4）商业信用的扩大和收缩与产业资本再生产过程的扩大和收缩是一致的。因此，商业信用的扩大是以现实的再生产过程扩大为基础，并且反映了现实的再生产过程的扩大；商业信用的缩小，说明市场商品过剩，生产设备得不到充分利用，出现了经济危机。 （5）商业信用和银行信用交织在一起时所发生的变化。随着资本主义的发展，在商业信用的基础上产生了银行信用。商业信用和银行信用交织在一起，这时职能资本家得到的汇票要到银行去贴现，这种银行的"贷款"，实际上仅仅徒有其名。同时，即使职能资本家获得银行的贷款，也是职能资本家及其他阶级存入银行的存款。不过，正是由于银行信用的出现，一方面使得职能资本家无须握有巨额的准备金，也不必依赖资本的现金的回流；另一方面银行信用又发展了投机交易，从而在危机中牺牲一部分中小资本家。
借贷货币资本的积累和现实资本积累的关系	（1）借贷货币资本的增加，并不是每次都表示现实的资本积累或再生产过程的扩大。这种情况，在产业周期的紧接着危机过后的那个萧条阶段中，表现得最为明显。这时，借贷资本大量闲置不用，因而利息率低微。这种低微的利息率表明，借贷资本的增加，正是由于产业资本的收缩造成的。 （2）在生产规模不变的情况下，借贷资本的增加并不表示生产资本的增加，只会引起利息率的降低。 （3）从复苏到繁荣阶段，事实上这是唯一的这样的时期，这时可以说是低利息率，从而借贷资本相对充裕，是和产业资本的现实扩大结合在一起的。这是两者结合在一起的唯一时期。一旦新的危机爆发，信用突然停止，借贷资本极端缺乏，而闲置的产业资本却发生过剩，因此，利息率会升到它的最高限度。

	内　　容
信用制度和经济危机	（1）经济危机的必然性，使资本主义生产呈现周期性。每一个对旧危机的重演有抵销作用的要素，都包含着更猛烈得多的未来危机的萌芽。这就是说，危机是资本主义内部矛盾的必然产物。在危机过后的萧条阶段，生产下降到已经达到的那个水平之下；而在复苏到繁荣阶段，生产逐渐发展并达到新的水平，接着又爆发新的危机，生产遭到一次新的破坏。可见，资本主义经济危机的根源是其固有的内在矛盾，是不可避免的。经济危机的必然性使资本主义生产呈现周期性。 　　（2）危机的原因不在于信用和货币缺乏，而在于生产和消费的对立。资本主义生产过程的全部联系，是建立在信用制度基础之上的。因此，只要停止信用，只有现金支付才有效，危机就会发生。这就说明，信用危机和货币危机是生产危机的先导。但是，从表面现象出发，就会把经济危机的原因归之于信用和货币的缺乏。资产阶级庸俗经济学家就是这样看的。其实资本主义经济危机的基础，归根到底在于生产远远超过社会需求的这一事实。 　　（3）如何看危机中出现的产业资本过多的现象。在危机阶段，从商品资本的使用价值来看，确实过剩，但从商品资本的价值来看，即从商品资本作为可能的货币资本来看，表现为收缩。这就是说，商品价格已经下跌，同量的商品只代表较少的货币资本了。因此，如果从这一意义上说，危机是由于货币资本缺少，就等于说危机是由商品价格下跌造成的。这就犯了倒因为果的错误。 　　（4）黄金的外流不是危机的原因。黄金的外流只是危机的现象，不是危机的原因。黄金外流在各国顺次发生，只是各国顺次爆发危机的表现，不是各国顺次爆发危机的原因。
两种资本的量相独立	借贷资本的量和通货的量是完全不同的。这里所说的通货的量，是指国内一切现有的流通的银行券和包括贵金属条块在内的一切硬币的总和。借贷资本的量和这种通货的量的不同，从利息率的变动取决于借贷资本的供给，而不取决于通货的量的情况就可以看到。 　　在信用发达的国家，假定银行家的一切借贷资本都来源于存款。由于容易取得信用，所以流通职能的大部分，无须金属货币介入，有信用转移即可完成。这时，流通手段量减少，借贷资本量能否增加，取决于这样两个条件：（1）同一货币所完成的购买或支付的次数。（2）同一货币作为存款流回银行的次数。

	内　　容
借贷资本积累和现实资本积累是两个不同的量	（1）从收入用于消费部分的扩大来看，借贷资本的积累大于现实资本的积累。在货币资本的积累中，加入了一个本质上和产业资本的现实积累不同的要素。因为在产品中用于消费的部分并不是资本。所以，货币资本的积累所反映的资本积累，必然总是大于现实资本的积累。同时还应看到，在产品中用于补偿资本的部分，并不表示现实资本的积累，但它通常会转化为借贷货币资本。 （2）货币资本积累的几种特殊形式，使借贷资本积累大于现实资本积累。借贷资本的积累，还有以下三种特殊情况，首先，由于生产要素，如原材料价格下降，使一部分资本从再生产过程游离出来。假如这部分资本不能直接用于扩大再生产，就会转化为借贷资本的积累。其次，商人由于营业中断，资本就会在货币形式上游离出来，转化为借贷资本。最后，一群发了财并退出再生产领域的人，现在转化为货币资本家，他们的资本也就转化为借贷资本。 （3）从利润用于积累的资本的部分来看，借贷资本积累也大于现实资本积累。这可以有两个方面的原因：或者这个部门的资本已经饱和，或者尚未达到该部门的新投资数量所要求的一定规模。 （4）借贷资本的积累和现实资本的积累是两个不同的量。借贷资本的积累，只是货币在可能转化为资本的形式上进行的积累，它和货币实际转化为资本的过程是不相同的。在现实积累不断扩大时，货币资本积累的这种扩大，一部分是这种现实积累扩大的结果，一部分是各种和现实积累的扩大化相伴随，但和它完全不同的要素造成的结果。最后，一部分甚至是现实积累停滞的结果。一句话，借贷资本的积累和现实资本的积累是两个不同的量。同样，这两种资本的供求也不是一回事。

贵金属流动图①

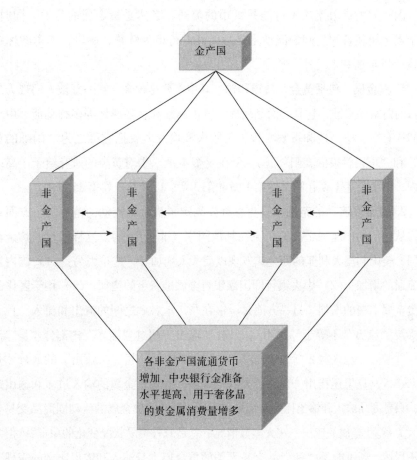

———————————

① 本图是依据《资本论》第三卷 第五篇（续）第三十五章绘制的。学好本章对于了
解贵金属流动和汇兑率的关系有帮助。详见《资本论》第三卷第 640—670 页。

"贵金属流动图" 解读①

《资本论》第三卷 第三十五章是研究信用制度和各国之间的货币流通问题。国际间的货币流通不可能是纸币的流通，必然是贵金属的流通。同时，由于贵金属在各国之间的流动主要是以外汇行市为转移，所以，本章的标题就是"贵金属和汇兑率"。

1. 贵金属：包括黄金、白银和铂 其中主要是黄金，它一直被人们视为最珍贵的财富的象征，它具有商品属性、货币属性和金融属性等多种功能。由于它的稀有性、稳定性和可观赏性，希腊人和埃及人就把它称之为"闪烁的黄昏"和"可以触摸的太阳"。马克思在《资本论》中对黄金的研究给予了高度重视，集中论述主要在第 1 卷第 1 章和第 3 章，以及第 3 卷第 35 章中。

2. 贵金属流动的范围 马克思首先划定了贵金属流动的范围。一方面是金银从它们的产地（金产国）流往其他国家（非金产国）。这样输出的黄金在俄国、美国和澳大利亚的新金矿发现以后大大增加了，这是因为：（1）国内货币流通的增加；（2）中央银行即国家银行金属准备金的增加；（3）用于奢侈品的贵金属消费的增加。另一方面是金银在非产地各国之间的流出和流入。首先要弄清"流出"不等于"输出"，只有"输出"超过"输入"的部分才是"流出"。同样，"流入"不等于"输入"，只有"输入"超过"输出"的部分才是"流入"。马克思还指出，人们总是这样理解，好像贵金属的输入过多和输出过多，只是商品输入和输出比例的结果和表现，其实，贵金属的流动同商品交易有较大关系。"金属的流出，在大多数情况下总是对外贸易状况变化的象征"。但是也不尽然，还可能是"和商品交易无关的贵金属本身输入和输出比例的表现"。例如，向国外投资、借款给国外、战争支出等，便都同商品交易无关。

3. 贵金属流动的测量 关于贵金属流入流出的衡量，大体上可以用中央

---

① 李成勋. 贵金属国际流动规律的探寻 ——读《资本论》第 3 卷第 35 章笔记 ［J］. 当代经济研究，2014（7）.

银行即国家银行金储备的增减来测量。不过，这种测量能准确到什么程度，要看银行业务的集中程度。因为贵金属储藏并非都集中在国家银行手里，这就要看国家银行的贵金属在多大程度上能代表一国的储藏。

4. 贵金属流动与经济危机的关系　马克思讲了三点：（1）现实的危机总是在汇兑率发生转变之后，在贵金属的输入又超过它的输出即出现顺差时爆发。（2）经济危机一旦结束，撇开新开采的贵金属从产地流入各国不说，贵金属就会按照正常情况下在各国形成的储藏比例再行分配。在其他条件不变的情况下，各国的相对储藏量，是由它们在世界市场上所起的作用决定的。贵金属将从存额超过正常水平的国家流到其他国家去，这种流出流入，不过是恢复贵金属原来在各国之间的比例。"一旦恢复正常的分配，从这时起，先是会出现增长，然后又会流出。"（3）贵金属的流出，在大多数情况下，总是对外贸易状况变化的象征，而这种变化又是情况再次接近危机的预兆。

5. 贵金属流动和资本主义生产周期的关系　马克思指出，贵金属的输入主要发生在两个时期。首先是在利息率低微的第一阶段，这个阶段尾随危机之后，并且反映生产的缩小；然后是在利息率提高但尚未达到平均水平的第二阶段。由此可知，从产业循环的周期看，贵金属的输入主要发生在"萧条"和"复苏"这两个阶段，而大量不断地流出则发生在危机前夕。

6. 贵金属流动和汇兑率的关系　汇兑率就是两国货币之间的兑换比例或比价。汇兑率与黄金的国际流动关系极大。马克思说过："众所周知，汇兑率是货币金属的国际运动的晴雨计。"[①]在世界市场上，只有贵金属才是真正的货币，即世界货币。实际上由于国际信用关系的发展，国与国之间的债务往往具有相互的性质，所以它们之间的收支差额，也可以通过信用货币如商业汇票、银行证券等进行结算。这些由外国公民或企业签发的以外国货币表示的债权或债务凭证，称为外汇。于是就产生了本国货币同外国货币的兑换比例即汇兑率问题。

马克思在《资本论》第3卷第35章中除了对"贵金属和汇兑率"的论述之外，还论述了银行金储备的用途、国际支付差额等问题，特别是对资产阶级学者威尔逊等的错误观点进行深刻的批判。

---

① 马克思.资本论：第三卷［M］.北京：人民出版社，1975：650.

"汇兑率" 表解①

	内　容
什么是汇兑率	汇兑率是货币金属的国际运动的晴雨计。简单地说，汇兑率就是两国不同货币之间的比价。在世界市场上，不同国家之间进行债务结算，并非都用贵金属，可以通过汇票、银行票据等外国货币进行结算。这样，就产生了本国货币和外国货币的比价问题。拿英国英镑和德国的马克来说，两种货币都有一定的含金量，如果它们之间的比价以含金量换算，那就是俗称的货币比价。但是，这种货币比价随着两国国际收入状况的变化而变化。
影响汇兑率变化的原因	1. 一时的支付差额。不论这种差额是何种原因造成的，只要因此会引起对外现金的支付，就会影响汇兑率。 2. 一国货币的贬值。不管是金属货币还是纸质货币的贬值，非常明显造成一个极不利的汇兑率。 3. 如果两国之间的汇兑率，一国用银作"货币"，另一国用金作"货币"，汇兑率就取决于金银价值的相对变动，因为这种变动显然影响金银的平价。

---

① 汇兑率表解是依据《资本论》第三卷 第五篇（续）第三十五章内容整理的。

"资本主义以前的高利贷资本" 表解①

	内　　容
产生和发展	高利贷资本是生息资本的古老形式。它和它的孪生兄弟商人资本一样，在资本主义生产方式以前很早就产生了，并在几个不同的社会经济形态中存在着。 　　高利贷资本的发展和商人资本的发展，并且特别和货币经营资本的发展，总是联系在一起的。高利贷者把货币贷给商人，商人借货币，是为了把它当作资本来使用。因此，资本主义以前高利贷者和商人的关系，相当于资本主义的银行家和职能资本家的关系。
形式	高利贷资本具有特征的形式有两种：第一，对那些大肆挥霍的显贵，主要是对地主放的高利贷；第二，对那些自己拥有劳动条件的小生产者（包括手工生产者，但主要是农民）放的高利贷。地主因借高利贷而破产，小生产者被敲骨吸髓，于是造成货币资本的形成和集中。
历史地位	高利贷资本通过资本的贷放，获取高额利息。因而有资本的剥削方式，但没有资本的生产方式。因为它不是资本家通过购买劳动力来剥削剩余价值，而是直接榨取独立劳动者的全部剩余劳动和部分必要劳动，或者间接榨取劳动者被地主刮去的部分财富。不过，它和消费的财富相反，当作资本的一个发生过程，在历史上是重要的。高利贷资本和商人资本一起，促进了不依赖土地所有权的货币财富的形成。

---

① 资本主义以前的高利贷资本讲的是资本主义以前的生息资本。生息资本在资本主义以前社会表现为高利贷资本。《资本论》第三卷 第三十六章研究的是资本主义之前的生息资本形式——高利贷资本，高利贷资本同借贷资本的历史关系和本质区别，同时批判了资产阶级的错误观点。详见《资本论》第 671—692 页。

续表

	内　　容
作用	高利贷有两种作用：第一，总体说来，它同商人财产并列形成独立的货币财产；第二，它把劳动条件占为己有，也就是说，使旧劳动条件的所有者破产。因此，它对形成产业资本的前提是一个有力的杠杆。
现代信用制度的性质	确定现代信用制度的性质，不能忘记这样两点：第一，货币——贵金属形式的货币——仍然是基础。信用制度按其本性来说永远不能脱离这个基础。第二，信用制度以社会生产资料在私人手里的垄断为前提。所以，一方面它本身是资本主义生产方式固有的形式；另一方面，它又是促使资本主义生产方式发展到它所能达到的最高和最后形式的动力。这就是说，第一，尽管信用制度创造了多种流通形式，但仍不能离开货币这个基础，第二，现代信用制度的性质和作用离不开资本的生产方式。

"地租" 表解①

	内　容
研究对象	研究对象是资本投入农业而产生的一定的生产关系和交换关系。通过考察资本主义制度下的土地所有权形式，分析资本主义地租，研究的范围仅限于真正的或狭义的农业上的投资，即人们赖以生活的主要植物性产品的生产上的投资。
资本主义土地所有权的基本特征	资本主义生产方式，使以往的土地所有权，转化为与之相适应的经济形式，一方面使土地所有权从统治和从属的关系下解放出来，另一方面又使土地的经营同拥有土地所有权的土地所有者完全分离。从而，土地对土地所有者来说，只代表一定的货币税，土地所有者凭土地所有权，在农业资本家那里征收地租。 　　历史地说，资本主义生产方式，一方面，把农业由分散的落后的经营方式，在私有制条件下一般能够做到的范围内，转化为农艺学的自觉的科学的应用，使农业合理化，从而第一次使农业有可能按社会化的方式经营；另一方面，把土地所有权弄成荒谬的东西。拥有土地所有权的土地所有者，成了脱离土地经营的寄生者，阻碍农业生产力的发展，从而为土地国有化提供了依据。但是，资本主义生产方式的这种进步，同它的所有其他历史进步一样，首先也是以直接生产者的赤贫为代价取得的。

---

① 本表内容详见《资本论》第三卷 第六篇 第三十七章 第693—720页。

	内　容
关于资本主义地租的几点说明	1. 资本主义地租与以往的地租不同，它以资本家主义生产方式已经支配农业为前提，体现着土地所有者、农业资本家和农业工人之间的关系。 2. 农业资本家投入土地的资本即土地资本，其利息可能形成地租的一部分，但这一部分并不构成单为土地本身的使用而支付的真正的地租。 3. 把地租和利息混同起来是错误的，地租或土地所有权的正当性，要由一定的生产方式来说明。 4. 土地购买价格是地租资本化的表现。假定平均利息率是5%，那么一个每年200磅的地租就可以看作一个4000磅的资本的利息。这样资本化的地租，形成土地的购买价格或价值。 5. 科学地分析资本主义地租，一方面要纯粹地考察它，另一方面要考察同地租概念和性质相矛盾，但又联系的种种情形。 （1）科学地分析资本主义地租，从两方面考察是很重要的：一方面，做纯粹的考察，可以便于认识它的性质；另一方面，考察有关的情况，可以认识造成理论混乱的因素。 （2）地租和租金有共同点，但二者又是有区别的。共同点：都是由土地的垄断权决定的，都决定土地价格。区别点：在租金里面，不仅包含真正的地租和可能包含投入土地的资本的利息，而且还可能包含一部分平均利润和工资。 （3）这里不考察非资本主义地租的情况。 （4）由于地租异常增大，使一定数量的租地小资本家，被迫将一部分平均利润以地租形式交给土地所有者。 （5）高地租和低工资完全是一回事。 6. 不能把一般剩余产品同地租这种剩余产品的特殊形式相混同。一般剩余产品是一般剩余劳动提供的。 7. 要把地租与土地的偶然的垄断价格区别开来。

	内　容
研究地租时应避免的三个主要错误	1. 避免把不同历史发展阶段的不同地租形式混同起来。固然，不同历史时期的地租，有它的共同点：都是土地所有权借以实现的经济形式。但是，不能因为它们有这种共同点，就忽略其中的区别。资本主义地租有其特殊性，是不能与封建地租混同的。 2. 避免用剩余价值和利润的一般存在的说明，代替地租的分析。一切地租都是剩余价值，是剩余劳动的产物。但不能反过来说，凡是剩余价值都是地租，不能认为只要把一般剩余价值和利润的一般存在条件解释清楚，也就把资本主义地租解释清楚了。因为剩余价值和利润的一般存在条件不同于地租的存在条件。 3. 避免把商品生产基础上共有的现象当作地租的特征来说明。由于地租的量完全不是由地租的获得者决定的，而是由他没有参与和他无关的社会劳动的发展决定的。 地租的量随着农产品变为商品而发展起来。地租的量（从而土地的价值）是作为社会总劳动的结果而发展起来的。一方面随着社会的发展，土地产品的市场和需求会增大；另一方面，对土地本身的直接需求也会增大。因为土地本身对一切可能的甚至非农业的生产部门来说，都是生产竞争的条件。因此，随着商品生产的发展，地租以及土地价值就发展起来。

级差地租图①

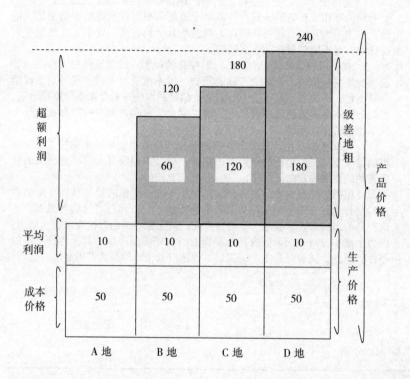

---

① 资本主义地租有两种形式：级差地租和绝对地租。从第三十八章到第四十四章都是论述级差地租的，马克思的地租理论是建立在他的平均利润和生产价格理论基础上的，按照马克思地租理论，级差地租分为级差地租Ⅰ和级差地租Ⅱ，本图展示是级差地租Ⅰ，级差地租Ⅱ详见第四十章。

"级差地租图"解读

　　所谓级差地租就是个别生产价格低于社会生产价格的差额。如图所示，假定有四级土地 A、B、C、D，其中 A 是劣等地，四级土地的预付资本都是 50 先令，平均利润率为 20%，平均利润为 10 先令。按照马克思的理论，农产品的社会生产价格由劣等地决定。这样一来：

　　A 地生产 1 夸特谷物，预付资本 50 先令，平均利润 10 先令，其个别生产价格 = 社会生产价格，即 1 夸特谷物 = 60 先令。

　　B 地预付资本 50 先令，平均利润 10 先令，生产 2 夸特谷物，按 1 夸特谷物 60 先令计算 60 先令 ＊ 2 = 120 先令，120 先令 – 60 先令 = 60 先令，获得 60 先令的超额利润，即级差地租。

　　C 地预付资本 50 先令，平均利润 10 先令，生产 3 夸特谷物，60 先令 ＊ 3 = 180 先令，180 先令 – 60 先令 = 120 先令，获得 120 先令超额利润，即级差地租。

　　D 地预付资本 50 先令，平均利润 10 先令，生产 4 夸特谷物，60 先令 ＊ 4 = 240 先令，240 先令 – 60 先令 = 180 先令，获得 180 先令超额利润。

　　由此可见，B、C、D 各类土地的地租是相对于 A 类土地的自然肥力不同，产量不同，以及不同的超利润转化而来的。总地租额等于 B、C、D 和 A 之间的差额的总和。

级差地租（举例）

土地等级	产量		预付资本	利润		地租	
	夸物	先令		夸特	先令	夸特	先令
A	1	60	50	1/6	10	—	
B	2	120	50	7/6	70	1	60
C	3	180	50	13/6	130	2	120
D	4	240	50	19/6	190	3	180
合计	10	600	—			6	360

绝对地租图解[①]

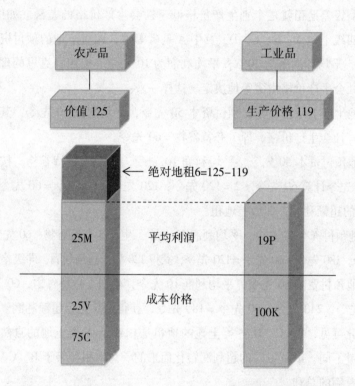

---

① 马克思在《资本论》第三卷第四十五、四十六章对绝对地租进行了专门研究（详见第843－880页）。在土地私有制的条件下，不论租种好地或劣等地，土地所有者都要收取地租，否则，他宁可将土地闲置也不出租。如果说土地经营权垄断是资本主义极差地租产生的原因，那么，土地所有权的私人垄断则是绝对地租产生的根源。

"资本主义地租形式比较" 表解①

		内　容
地租	一般定义	地租是土地所有者凭借土地所有权获得的一种剥削收入。
	资本主义地租	资本主义地租是农业资本家缴给土地所有者的超过平均利润以上的那部分剩余价值。
	二者的区别	第一，封建地租以封建土地所有制为前提，而资本主义地租则是以资本主义土地所有制为前提；资本主义土地所有制的典型特点是，土地所有权完全同农业经营权相分离，并同人身依附关系相分离，成为一种纯粹的经济关系。 　第二，封建地租是封建地主直接从农民那里剥削来的剩余劳动或剩余产品，甚至还占有部分必要劳动或必要产品。而资本主义地租只是农业雇佣工人创造的剩余价值扣除了平均利润之后的余额，是剩余价值的一部分。 　第三，封建地租反映的是地主阶级和农民阶段之间的关系，而资本主义地租反映的是资本主义社会三大阶级之间的关系，即农业资本家，地主阶级共同剥削雇佣工人的关系。

---

① 本表是依据马克思土地所有权和地租理论概括总结的。详见《资本论》第三卷 第六篇"超额利润转化地租"。

		内　容
级差地租	客观条件	土地的有限性和土地质量的差别。
	根本原因	土地经营的资本主义垄断。
	源泉	农业工人的剩余劳动。
	形式	级差地租Ⅰ：指由于土地肥沃程度不同和地理位置不同而形成的级差地租。 级差地租Ⅱ：是由于同一块土地上连续增加投资的资本生产率不同而形成的级差地租。
绝对地租	客观条件	绝对地租产生的客观条件是，农产品的市场价格高于生产价格。
	根本原因	土地私人垄断的存在，农业部门的超额利润不参加社会范围内的平均化过程。
	源泉	作为剩余价值的一部分也是雇佣工人创造的。

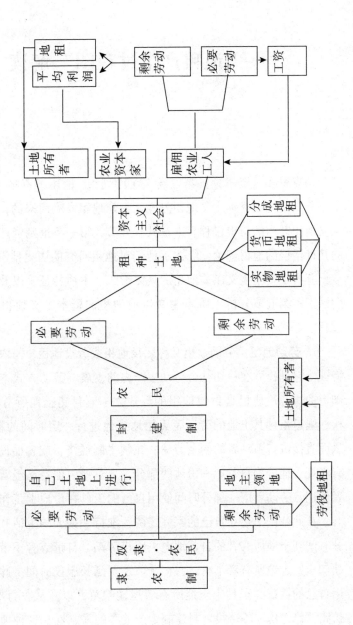

地租产生过程图

"地租产生过程图"解读

马克思在《资本论》第三卷 第四十七章 论述了资本主义地租的产生。本章着重研究了资本主义地租怎样从封建地租发展而来的,也就是研究资本主义地租产生的历史过程。本章共有五节,第一节批判资产阶级政治经济学的几种错误的地租理论,综述了他们对地租研究的历史情况;第二、三、四节,分析了资本主义以前地租的具体形式、本质特征,以及与资本主义地租的区别;第五节分析了资本主义以前地租向资本主义地租过渡的历史发展过程。

1. 劳动地租 劳动地租又称徭役地租或劳役地租,是农奴制经济的基本特征。它是建立在一切社会劳动生产力的发展,劳动方式本身的原始性的基础上的。劳役地租是封建地租的形式之一。封建土地所有者凭借土地所有权,强迫租种其土地的劳动者无偿地为他进行一定时间的耕作和其他劳动,从而直接占有劳动者的剩余劳动。在领主制经济,或者徭役经济下,土地所有者把土地分为自营地和份地两部分,自营地由他自己经营,份地交给劳动者使用。劳动者用一部分时间使用自己的工具在份地上工作,产品归自己所有,在此基础上建立自己的家庭经济,维持一家人的生活和生产;用另一部分时间到土地所有者的自营地上去服役劳动,自带或者不带耕畜和农具,产品却全归土地所有者享有。农忙季节还要延长服役时间。此外,劳动者还要用自己的牲畜和车具为土地所有者运输粮草,以及从事打柴、伐木、放牧、筑路、修建房屋等劳役。封建制生产关系的强制性在这种地租形式上表现得最为突出。

2. 产品地租 产品地租又称实物地租,封建地租的形式之一。是封建土地所有者凭借土地所有权强迫租佃农民交出自家生产的产品的一部分，亦即无偿占有的农民全家的剩余劳动的产品。在许多情况下，它是与劳役地租相结合的。一般地说，实物地租是由劳役地租演变而来的。在劳役地租形式下，随着生产力的发展，劳动者要求独立自主地支配自己的劳动时间，土地所有者也看到让劳动者更多地支配自己的劳动时间，可以提高他们的生产积极性和主动性，从而可能榨取更多的劳动产品，于是，劳役地租就逐渐为实物地租所代替。在实物地租形式下，土地所有者的土地不再有份地和自营地的区分，土地都租佃给农民耕作，土地所有者无偿地占有的剩余劳动也是在租给农民的土地上进行的，因此，农民家庭的剩余劳动和必要劳动已不再在时间上和空间上分开。在此条件下，农民的剩余劳动虽已不必在土地所有者的直接监督和安排下进行，但却必须把体现这一剩余劳动的产品，无偿地交给土地的所有者。实物地租主要是农产品，也可以包括家庭手工业产品，但实质上它体现的是农民家庭经济全部生产的剩余产品。这就是说，形成地租的剩余产品，是这个农工合一的家庭劳动的产品，而不管这个产品地租是像中世纪常见的情况那样，或多或少包括工业品在内，还是只以真正的土地产品来交纳。实物地租可分为实物分成租和实物定额租两种形式。分成租是农田总产品一个成数，一般是产品的一半，即所谓对半分，也有四六分，三七分的，地租数量随产品收获量的变化以及地主是否供给耕畜、农具、种子等而变化。定额租是农田产品的一个固定的数量，原则上不随产品收获量的变化而变化。

3. 货币地租 货币地租是封建地租的形式之一。封建土地所有者凭借土地所有权，强迫租地农民交纳的以货币形态体现的农民的剩余劳动。我国通称"钱租"，是地主以货币形式占有农民的剩余劳动。封建社会末期，随着生产力的提高，商品货币经济进一步发展，地主不再满足于农民所提供的劳役和实物。他们需要大量的货币购买各种奢侈品，货币地租于是代替了实物地租。这样，农民必须出售一部分农产品，换取货币来缴纳地租。在货币地租条件下，农民可以根据情况自行安排自己的生产。因此，货币地租比实物地租更能刺激农民的生产兴趣。但是，地主为了满足奢侈生活的需要，任意提高货币地租，加重对农民的剥削。货币地租的出现，使封建自然经济日益卷入商品货币经济，促使封建制度的瓦解。从实物地租到货币地租的转化，封建地租的性质并没有发生实质变化，仍然是封建土地所有权在经济上的实现形式。租种土地的农民，仍然必须向土地所有者，"以转化为货币的剩余产品的形式，提供剩余的强制劳动，也就是没有报酬、没有代价的劳动"①。

4. 分成制　又称分成租制，封建地租剥削的一种形态，有时也指采取分成租的租佃制度，其特点是，租佃农民按照农田收获量的一定比例向地主交纳地租。在中国封建社会中，分成租制很普遍。秦汉时期有"见税什五"的记载，即租种土地的农民把农田产品的一半交给田主。此后，在一个相当长的历史时期，分成租制在租佃制度中占主要地位。明清时代，农业生产力提高，商品货币关系发展，分成租制逐步转化为定额租制。马克思说："分成制可以看成是由地租的原始形式到资本主义地租的过渡形式，在这种形式下，经营者（租地农民）除了提供劳动（自己的或别人的劳动），还提供经营资本的一部分，土地所有者除了提供土地，还提供经营资本的另一部分（例如牲畜），产品按一定的、各国不同的比例，在租地人和土地所有者之间进行分配。"②

5. 小土地所有制　"在这里，农民同时就是他的土地的自由所有者，土地则是他的主要生产工具，是他的劳动和他的资本的不可缺少的活动场所。在这个形式下，不支付任何租金；因而，地租也不表现为剩余价值的一个单独的形式，尽管在资本主义生产方式一般已经发展的国家，同其他生产部门比较，它也会表现为超额利润，不过这种超额利润，和劳动的全部收益一样，为农民所得。"③

6. 资本主义地租　农业资本家由于租种土地而缴给土地所有者的、由农业工人创造的超过平均利润的那部分剩余价值，它反映了农业资本家和土地所有者共同剥削农业工人的关系。所以，资本主义地租的实质是农业工人创造的剩余价值，是剩余价值的一种转化形式及分割形式。资本主义地租有两种正常形式：级差地租和绝对地租。级差地租是与土地优劣等级相联系的一种地租，是因存在土地经营上的垄断，使用较优土地所产生的级差收入。它

---

① 马克思. 资本论：第三卷 [M]. 北京：人民出版社，1975：898.
② 马克思. 资本论：第三卷 [M]. 北京：人民出版社，1975：903.
③ 马克思. 资本论：第三卷 [M]. 北京：人民出版社，1975：906—907.

是由产业资本家转交给土地所有者的超额利润。绝对地租是因存在土地私有权的垄断，一切土地，包括最劣等土地，也必须向土地所有者支付的地租。

垄断地租。它仅形成于自然条件特别有利的少量土地，这类土地的产品为数甚少，往往供不应求，其产品价格的决定，不同于一般土地产品价格的决定，既不由商品的生产价格决定，也不由商品的价值决定，而是由购买者的需要和支付能力决定。它可以大大高于生产价格或价值，是一种真正的垄断价格。由此出现的超额利润，也因土地私有权的垄断，必须作为地租转付给土地所有者。这种由产品的垄断价格所形成的地租，因此称为垄断地租。

资本主义地租，不论属于何种形式，其形成的源泉，都是剩余价值的一部分，是超过平均利润以上的余额即超额利润。这种超额利润是土地经营者和土地所有者之间激烈争夺的对象。土地经营者向土地所有者缴纳的租金，往往还包含投入土地的资本的利息，即土地改良费用的利息。这就进一步加深了土地经营者和土地所有者之间的矛盾。只有在土地所有者自己雇工经营土地的场合，其剥削收入才会包括平均利润和地租这两部分。在投入有土地资本的场合，土地经营者一般也可以获得土地资本的利息。这部分利息，从现象上来看，也表现为地租。所有这些都来源于雇佣工人在生产过程中所创造的剩余价值。资本主义地租体现着农业资本家和土地所有者共同剥削农业工人的关系。

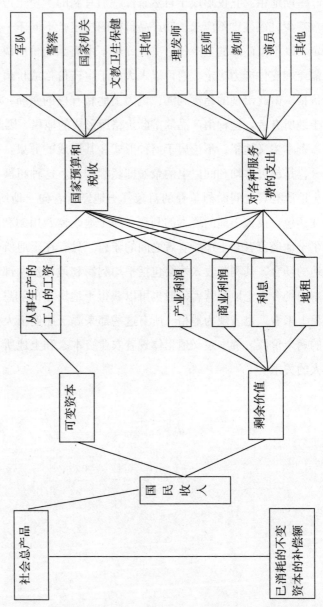

资本主义制度下国民收入分配与再分配图

"资本主义制度下国民收入分配与
再分配图"解读

　　马克思《资本论》第三卷 第七篇 "各种收入及其来源"，共有五章。其中，第四十八章，批判资产阶级庸俗经济学家的三位一体公式，说明各种收入的源泉都是雇佣工人创造的新价值。第四十九章，通过对资本主义生产总过程的分析，批判了三位一体总公式的来源——"斯密教条"。第五十章，运用价值和剩余价值理论，批判 "斯密教条"，指出它的产生与竞争的假象有关。第五十一章，分析了分配关系与生产关系的辩证关系，为资本主义的发展做出理论和政治结论。第五十二章，把经济关系引申到阶级关系，研究了资本主义三大阶级的阶级对立和阶级斗争。

　　1. "三位一体"公式　所谓 "三位一体" 公式，是法国资产阶级庸俗经济学家萨伊首先提出来的。他认为：资本创造利润、土地产生地租、劳动取得工资。如果把平均利润分割为利息和企业主收入，则企业主收入表现为资本家的工资，利息表现为资本所固有的独特的产物。这样，"三位一体" 公式可以更确切地归结为资本创造利息、土地产生地租、劳动取得工资。经济学家萨伊提出了关于资本主义社会的分配方式，即资本—利润、劳动—工资、土地—地租。萨伊把利润分解为两个部分：一是资本的利息；二是使用资本的企业家的报酬，即企业家本人的工资。以生产三要素论和边际效用价值说为基础，认为劳动、资本、土地这三个生产要素在生产过程中共同协力，提供了 "生产性服务"，生产了产品，各自创造了收入，因此每个生产要素的所有者就应获得相应的收入。在这个公式中，剩余价值不见了，资本主义生产的实质被歪曲和掩盖了。

2. "斯密教条" 斯密认为，商品价值可分解为工资、利润、地租，反过来工资、利润、地租决定商品价值，马克思把斯密的这个理论称之为"斯密教条"并给予了深刻的批评。马克思指出，斯密将商品价值分解为工资、利润和地租，排除了不变资本价值的转移部分，这就不能正确分析社会资本再生产过程。更为重要的是，斯密使收入由"组成部分"变为"一切交换价值的原始源泉"，不是把交换价值分解为工资、利润和地租，而是相反，把工资、利润和地租说成是构成交换价值的因素，硬把它们当作独立的交换价值来构成产品的交换价值，认为商品的交换价值是由不依赖于它而独立决定的工资价值、利润价值和地租价值构成。价值不是它们的源泉，它们倒成了价值的源泉。这实际上是用收入决定商品价值，从而颠倒了价值创造与价值分配之间的关系。

3. 竞争的假象 斯密所以做出这种颠倒，是因为，斯密在阐述了他所研究的对象的内在联系之后，突然又被表面现象所迷惑，被竞争中表现出来的事物联系所迷惑，而在竞争中一切总是表现为颠倒的、头足倒置的。斯密从这种颠倒出发来阐述的"商品的自然价格"实际上只不过是由竞争而产生的费用价格。由于在竞争的表面，商品价值的各个组成部分是作为独立的收入互相对立的，并且它们作为独立的收入，是与劳动、资本和土地这三种彼此完全不同的生产要素发生关系，因而好像它们就是由这些东西产生的一样。

4. 社会总产品 社会总产品是指社会各个物质生产部门的劳动者在一定的时期内（通常为一年）所生产出来的全部物质资料的总和。社会总产品也就是社会的商品资本总体，它们的价值也就是社会总产值。在不同的生产方式中，社会总产品具有不同的社会性质。在资本主义的社会总产品中，用于补偿消耗了的生产资料价值的那部分是资本家耗费的不变资本，新创造价值的那两个部分（可变资本的价值和剩余价值）之间的关系表现着资本剥削雇佣劳动的阶级对抗关系。在商品经济条件下，社会总产品有实物形式和价值形式两种。社会总产品的实物形式，是当年生产的生产资料和消费资料的总和，其价值构成为 c + v + m。社会总产值可分为生产资料（第一部类）和消费资料（第二部类）两大部类。其中，生产资料一部分用于补偿已消耗的生产资料，超过补偿的剩余部分用于扩大再生产。

关于社会总产品及其构成的理论，在马克思、恩格斯创立的科学的社会再生产理论之前，是长期困扰资产阶级古典经济学的一个难题。重农学派的代表 F. 魁奈，没有把社会生产划分为生产资料生产和消费资料生产两大部类，只划分为农业和工业两大部门，因而他就不可能对社会产品的实现问题进行科学的论证。英国古典政治经济学的代表人物 A. 斯密把资本主义社会总产品的价值只分解为工资、利润和地租三种收入，即分解为可变资本和剩余价值，而把不变资本价值从社会总产品价值中排除出去，因此他也不可能正确地说明社会总产品各部分在价值上的补偿和实物上的替换问题，不可能了解社会总资本的再生产和流通过程。

5. 国民收入分配与再分配 国民收入是指物质生产部门劳动者在一定时期所创造的价值，是一国生产要素（包括土地、劳动、资本、企业家才能等）所有者在一定时期内提供生产要素所得的报酬，即工资、利息、租金和利润等的总和。国民收入在生产出来以后，要进行分配。分配过程分为初次分配和再分配。初次分配是在参与直接生产过程的各方面当事人之间进行的。再分配则是在初次分配的基础上在物质生产领域和非物质生产领域之间，在国民经济各部门之间、各部分人之间进行的。在非物质生产领域从事活动的人，如国家行政人员、军人、文化和艺术工作者、教师、医务人员等，他们的收入是通过国民收入再分配形成的。国民收入再分配一般借助于税收、价格、保险费和国家预算等经济杠杆进行。通过国民收入的初次分配和再分配，形成各个阶级、各个社会集团、各部分人、各个部门、各个方面的最终收入，最后作为消费基金和积累基金分别用于消费和积累。

6. 分配关系与生产关系 马克思说，所谓分配关系，同生产过程历史规定特殊社会形式，以及人们生活的再生产过程中互相所处关系相适应的，并且由这些形式和关系产生的。这些分配关系的历史性质就是生产关系的历史性质，分配关系不过表示生产关系的一个方面。资本主义的分配不同于各种由其他生产方式产生的分配形式，而每种分配形式，都会同由以产生并且与之相适应的一定的生产形式一道消失。这就是说：（1）分配关系是由生产关系产生的，并与生产关系相适应；（2）分配关系只是生产关系的一个方面；（3）生产关系的历史性质，同时决定着分配关系的历史性质；（4）资本主义的分配关系和其他社会的分配关系不同，是由资本主义生产关系和其他社会的生产关系不同而产生的；（5）一定的生产关系消失，与之相适应的分配关系也会消失。

附　　录

附录1　使用价值概念需要重新认识

马克思认为，商品是用来交换的劳动产品。第一，作为生产商品的劳动具有二重性，即具体的有用劳动和抽象的人类劳动。由劳动二重性决定商品有两个基本的因素：价值与使用价值。这无疑是对古典政治经济学的继承与发展。但是，由于受研究方法和理论体系的限制，马克思不得不将使用价值舍象掉，而沿着劳动—价值—货币—资本—剩余价值……这样一条线索加以叙述。笔者认为，马克思把使用价值从整个理论体系中剥离出去，一方面讲不符合实际，另一方面给西方经济学的攻击留下了空当，这是其一。

第二，马克思认为商品的使用价值即商品的几何的、物理的、化学的或其他的天然属性只为商品学提供材料，因而不属于政治经济学的研究对象。这是一个误解。因为，学科的交叉发展，科学的相互渗透，往往使同一范畴可能在诸多领域出现，以至于形成许多泛性概念。我们不能因为使用价值是商品学的研究对象就将其排斥在政治经济学之外。

第三，也许马克思认为，使用价值是一个极其复杂的范畴，不同的商品具有不同的使用价值，即使是同一商品对不同的消费者也具有不同的使用价值，因而使用价值的大小不好确定。但是我们不能因为难以确定就将其剥离。如果说使用价值比较复杂的话，同样价值也很复杂，因为生产同一种商品，不同的生产者所耗费的劳动是各不相同的。既然在价值的背后能找到社会必要劳动时间，为什么就不能在使用价值的背后找到一个类似的范畴？

第四，有人会说，马克思研究的是本质（价值）范畴，而使用价值是现象范畴。使用价值到底是现象范畴，还是本质范畴，有待进一步研究。按马克思的话讲，物的有用性使物成为使用价值。不论财富的社会形式如何，使用价值总是构成财富的物质内容。使用价值是物的有用性。既然如此，我们同样可以说，相对于物质财富（商品、产品）来说使用价值同样也是一个抽象的本质的概念。

附录2 使用价值应该成为中国特色社会主义政治经济学研究对象

使用价值可不可以作为政治经济学的研究对象，值得探讨。笔者认为，使用价值不仅应该成为政治经济学的研究对象，而且应当成为中国特色社会主义政治经济学的主体范畴。以使用价值——财富的生产、财富的流通、财富的消费、财富的分配为主线，构建中国特色社会主义政治经济学是 21 世纪马克思主义政治经济学的应有之意。

使用价值可不可以作为政治经济学的研究对象，这是一个值得探讨的理论问题。马克思主义政治经济学是将使用价值排除在政治经济学研究对象之外的。马克思主义政治经济学理论体系是沿着商品—价值—货币—资本—剩余价值—资本和剩余价值生产—资本和剩余价值流通—资本和剩余价值分配，这样的逻辑展开的，也就是说是沿着价值形成—价值增增殖—价值流通—价值分割展开的。使用价值基本上不在这个范围之内。因为马克思认为：商品的使用价值为商品学这门学科提供材料，不属于政治经济学的研究对象。但是，马克思又说，不论财富的社会形式如何，使用价值总是构成财富的物质内容。正是由于使用价值是社会财富的物质内容，而不是财富的社会形式，马克思才没有将其列为政治经济学的研究对象。

我们说，马克思研究的是资本主义生产方式及其与之相适应的生产关系和分配关系，它更多考察的是财富的社会形式。他的政治经济学的任务是推翻资本主义制度，而今天我们的社会主义制度已经建立，社会主义的主要任务是解放生产力，发展生产力，创造更多的物质财富，生产更多的有用物质——使用价值，不断满足广大人民群众日益增长的物质文化生活的需要。正是从这个意义上讲，使用价值、社会财富不仅应当成为政治经济学的研究对象，而且应当成为中国特色社会主义政治经济学的起点范畴和主要内容。

因为，社会主义的根本任务是不断提高社会生产力，最大限度地满足人民群众日益增长的物质和文化生活的需要。因此，财富（使用价值）的不断增长、财富的合理流通、财富的公平分配，应当也必须是 21 世纪当代马克思主义政治经济学——中国特色社会主义政治经济学的研究对象。

习近平总书记在十九大报告中指出：中国特色社会主义进入新时代，我国社会主要矛盾已经转化为"人民日益增长的美好生活需要和不平衡不充分的发展之间的矛盾"。① 这是以习近平同志为核心的党中央做出的一个根本性、全局性的重大判断。要解决好发展不平衡不充分问题，要满足人民日益增长的美好生活需要，必须大力发展生产力，生产更多的对人民有用的使用价值。如何生产更多的有用的使用价值，不断满足人民日益增长的美好生活的需要，是新时代中国特色社会主义政治经济学的主题和任务。习近平同志提出的"供给侧结构性改革"说到底是使用价值的供给侧结构性改革，是社会财富的供给侧结性改革。

---

① "决胜全面建成小康社会，夺取新时代中国特色社会主义伟大胜利"习近平在中国共产党第十九次全国代表大会上的讲话，2017 年 10 月 18 日，人民出版社，2017：10.

附录3　"具体劳动"和"抽象劳动"与马克思的表述不完全一致[①]

　　关于劳动二重性的表述，我们政治经济学教科书中的表述与马克思的表述是有出入的。教科书的一般表述是：劳动二重性是"具体劳动"和"抽象劳动"，而马克思的表述是"具体有用的劳动"和"抽象的人类劳动"。这两种表述有没有差别？值得研究。笔者认为："具体劳动"和"具体的有用劳动"是不一样的。因为凡是人类劳动都可以说是具体劳动，但是并不能说所有的具体劳动都是有用的。生产商品的劳动必须是有用的具体劳动，它必须生产出使用价值，而且这个使用价值不是对生产者有用，而是对购买者有用。只有生产出对购买者有用的使用价值，这种劳动才是"具体的有用劳动"。再说"抽象的人类劳动"。马克思讲到价值实体时，他的表述是"抽象的人类劳动""无差别的人类劳动""一般人类劳动"，很少直接用"抽象劳动"，为什么？难道是文字游戏？笔者认为不是。"具体的有用劳动"和"抽象的人类劳动"是一对科学而严谨的政治经济学范畴。"具体"对应的是"抽象"，"有用劳动"对应的是"人类劳动"。这不仅是个理论问题，而且也是个方法问题。撇开有用劳动的具体形式，人们在生产商品时的体力脑力的支出，是没有差别的，作为价值实体的是无差别的人类劳动。如果说有用的具体劳动强调个性的话，无差别的人类劳动则强调的是共性。

[①]　关于劳动二重性的论述，详见马克思《资本论》第一卷 第一篇 第一章 "2. 体现在商品中的劳动的二重性"。《资本论》第一卷 第54—60 页。

附录4　"社会分工和私有制是商品生产存在的条件"这个表述不符合马克思的原意

　　我们的政治经济学教科书普遍认为：社会分工和私有制是商品生产存在的条件。笔者认为这种表述不准确。社会分工是商品生产存在的条件，这个结论是符合马克思的原意的，是正确的。但是，私有制是不是商品生产存在的条件？

　　先说社会分工。人们为了获取不同的物质资料，就要从事各种不同质的有用的具体劳动。这种不同质的有用的具体劳动，一旦各自独立，发展成为一个由属、种、亚种、变种分类的多支体系，就表现为社会分工。在社会分工体系中，每个生产者从事某一具体劳动，劳动具有单一性和独立性；各自不同的具体劳动，创造出各自不同的产品。同时，每个生产者的需求又是多样化的。为了满足生产者各自的需要，彼此之间用自己的产品交换对方的产品，由此就产生了生产者之间相互交换各自劳动产品的必要性。正是从这个意义上讲，社会分工是商品生产存在的条件。但是，这仅仅是商品生产存在的条件，仅仅是一种可能。

　　再说私有制。商品生产产生的真正原因是私人劳动，或者说是私有制。在私有制条件下，劳动产品归于不同的所有者，不同的生产资料和劳动产品的所有者，不能无偿地占有对方的产品，彼此要取得对方的产品，必须通过等价交换，即把各自的产品作为商品来交换。在生产资料私有制经济中，生产产品的劳动是私人劳动，生产的产品是私人劳动的产品。这种独立的互不依赖的私人劳动的产品，是作为商品互相对立的。商品生产者要想取得对方的产品，就得拿出自己的产品与对方交换。最初是用剩余产品交换，后来是专门为了交换而生产。

　　社会分工在原始社会就存在，但是为什么没有商品生产呢？因为那个时候，人们是集体生产，大家共同消费，没有私人劳动的概念。只有到了原始社会末期，生产力有所发展，劳动有了剩余产品，个人或家庭劳动可以独立进行，互不依赖，这时劳动产品才作为商品在部落之间、部落内部进行交换。正因为如此，我们才有理由说，私有制是商品产生的原因。正如马克思所讲的"在古代印度公社中就有社会分工，但产品并不成为商品。只有独立的互不依赖的私人劳动的产品，才作为商品相互对立。"① 这就是说：社会分工是商品生产存在的条件，私人劳动或者私有制才是商品生产产生的原因。

　　① 　马克思．资本论：第一卷［M］．北京：人民出版社，1975：55.

附录5　马克思的价格定义不是用一句
话就可以概括的①

　　马克思在论述货币的价值尺度时说，价格是物化在商品内的劳动的货币名称。这是在一个特定环境下，对价格范畴的初步表述，它并不是价格的全部内涵，而我们的政治经济学教科书，往往就用"价格是价值的货币表现"这个表述作为价格定义予以固定化。笔者认为，马克思关于价格的完整表述似乎是：价格是以使用价值为前提，以价值为基础，并能反映供求关系变化的货币名称。

　　传统的观点认为：价格是价值的货币表现。笔者认为这一观点过于简单化。价格是什么？价格是浮在社会经济生活表层的极其复杂的经济范畴，其因素的多元性、运动的多样性、存在的独立性及形式的发展变化性是很难用价值一个因素解释清楚的。价值是价格的决定因素，但不是唯一的因素。除价值之外，可决定价格的因素，至少还有下列三种。

　　第一，使用价值。长期以来，人们在研究价格理论时总是将使用价值放在一个极不显眼的位置。事实上，使用价值对价格具有极其重要的决定作用。首先，使用价值是价格的前提。没有使用价值的物品，不可能成为商品，从而也不可能有价格。其次，在其他条件不变的情况下，价值相等的物品，不一定价格也相等。例如，同样一网鱼在市场上出售，个大的价高，个小的价低。再次，不同物品由于耐用程度不同，因而价格出现差别。总之，使用价值对价格的决定作用主要表现在两方面：有无价格和质量差价。

　　第二，供求关系。供求关系是商品价格赖以实现的条件。虽然，供求关

---

　　① 关于马克思价格理论，读者至少应当读一读《资本论》第一卷 第一篇 第三章"货币或商品流通"。第112—166页。

系不能决定商品有无价格（因为商品的价格是由使用价值、价值和交换三个因素决定），但是，供求关系可以决定价格涨落幅度。当某种商品供不应求时，价格就上涨，其上涨的幅度是由供给与需求的缺口大小决定的，缺口越大，上涨幅度越大，缺口越小，上涨幅度也越小。当某种商品供过于求时，价格就下跌，其下跌程度也是由过剩数额决定的，数额越大，跌幅越大，数额越小，跌幅越小。供求关系对价格起伏程度起着决定作用。供求不可能绝对平衡，因而它对价格的作用将长期存在。

第三，货币流通量。货币流通量的多寡，对商品价格的作用概括起来主要有以下两点。首先是决定商品价格总额。当商品数额既定时，流通中的货币量越多，那么商品价格总额则越大，否则，越小。其次是决定结构性商品价格波动。一定时期如果基本建设投资规模过大，势必引起生产资料价格上涨；一定时期如果消费基金增长过猛，势必引起生活资料价格上涨。虽然我们说货币数量论者关于"商品价格与货币数量成正比例，货币的价值与货币的数量成反比例"的观点是不科学的，但是，"流通中的货币愈多，商品的价格便愈高，货币的价值则愈小"还是有一定道理的。

综上所述，价格的定义应该是：以使用价值为前提，以价值为基础，并能反映供求关系变化的货币指数。修改价格定义的目的在于全面把握价格范畴，进而为价格改革提供理论依据。

附录6 资本主义积累历史趋势："三个剥夺"和"一个重建"

马克思在《资本论》第一卷第二十四章中，以翔实的历史资料阐述了资本主义原始积累的过程，在这一章末尾，有这样一段总结性的概述："从资本主义生产方式产生的资本主义占有方式，从而资本主义的私有制，是对个人的、以自己劳动为基础的私有制的第一个否定。但资本主义生产由于自然过程的必然性，造成了对自身的否定。这是否定的否定。这种否定不是重新建立私有制，而是在资本主义时代的成就的基础上，也就是说，在协作和对土地及靠劳动本身生产的生产资料的共同占有的基础上，重新建立个人所有制。"① 笔者认为，马克思在《资本论》第一卷第二十四章中，主要阐述的是"三大剥夺"和"一个重建"。

（1）资本家对劳动者的剥夺。资本原始积累是资本的历史起源，它的出现意味着直接生产者的被剥夺，意味着以自己劳动为基础的私有制的解体。在历史上，原始的、公共的、集体的所有制被私有制所代替。劳动者对他的生产资料的私有权是小生产的基础，而小生产又是发展社会生产和劳动者本人的自由个性的必要条件。广大人民群众被剥夺土地、生活资料、劳动工具，这种包含一系列暴力的方法，是用最残酷无情的野蛮手段，最下流、最醒酿、最卑鄙和最可恶的贪欲的驱使下完成的。

（2）资本家对资本家的剥夺。一旦资本主义私有制代替了小生产私有制，一旦旧社会在深度和广度上充分瓦解，一旦劳动者转化为无产者，他们的劳动条件转化为资本，一旦资本主义生产方式站稳脚跟，生产资料、生产过程、劳动产品社会化程度日益提高，资本积累在竞争中，不断地集中和垄

---

① 《资本论》第一卷 第七篇 第二十四章 所谓原始积累 第832页。

断，剥夺就不再是对独立经营的劳动者的剥夺，而是资本家对资本家的剥夺。

（3）人民群众对资本家的剥夺。生产的社会化与生产资料的资本主义私人占有的矛盾是资本主义的基本矛盾。随着积聚和集中的推进，生产资料社会化、生产过程社会化和劳动产品社会化程度越来越高，而资本越来越集中在少数资本巨头手中。"资本的垄断成了与这种垄断一起并在这种垄断之下繁荣起来的生产方式的桎梏。生产资料的集中和劳动的社会化，达到了同它们的资本主义外壳不能相容的地步。这个外壳就要炸毁了。资本主义的丧钟就要敲响了。剥夺者就要被剥夺了。"① 人民群众剥夺剥夺者是资本主义积累的必然结果。

（4）一个重建。重建以生产资料共同占有为基础的个人所有制。资本积累的过程，最初是资本家以暴力手段剥夺劳动者，迫使劳动者与生产资料相分离的过程，随后是大资本家通过兼并、联合手段剥夺小资本家即资本集中和垄断的过程，最后是人民群众对资本家的剥夺，建立无产阶级政权的过程。这个过程既是小商品生产向社会化大生产转化的过程，同时也是所有制的演变过程，即以自己的劳动为基础的小私有制，向以雇佣劳动为基础的资本主义私有制过渡，再由资本主义所有者向生产资料社会占有过渡，最终是重建以生产资料共同占有为基础的个人所有制的过程。简称"重建个人所有制"。

个人所有制指的是什么？长期以来，学术界对马克思这一思想主要有以下几种不同理解。

第一种观点认为，"重建个人所有制"是指生活资料的个人所有制，即在消费资料上实行个人所有制。社会主义并不存在重建消费品个人所有制问题。生产资料与生活资料不是同一层次的问题，所以，用生活资料个人所有制解释这一思想是值得重新斟酌的问题。

第二种观点认为，"重建"是对生产资料个人所有制重新定义。持这种观点的人认为，过程的开始是生产资料所有制，鉴于马克思否定之否定的逻辑，过程的结束也应该是生产资料所有制。事实上，马克思曾明确指出：

① 马克思. 资本论：第一卷［M］. 北京：人民出版社，1975：831－832.

"这种否定不是重新建立私有制"。"生产资料个人所有制"同生产资料公有制是相对立的，生产资料归个人所有会严重阻碍社会发展。此外，生产资料个人所有制是马克思否定之否定的起点，不能用其来解释"重建个人所有制"。近些年，极力倡导在中国实行经济"私有化"的人，为了从马克思那里寻找理论依据，把"重建"误读为重建生产资料私有制，强调在经济上全面实行私有化。

第三种观点认为，这是指劳动力个人所有制。这一观点与前两个观点相比有进步之处，把视野从物质生产条件转换到了人身生产条件上，并把劳动力考虑在所有制范畴内。事实上，即使在资本主义社会，劳动力所有权也归劳动者个人所有，这一思想谈不上"重建"问题。

正确把握马克思"重建个人所有制"思想，具有现实意义。马克思讲的所有制形式包括两个方面：一方面是生产资料占有方式，另一方面是个人所有制。马克思要建立的是生产资料共同占有，这个可以理解为生产资料公有制。在社会主义条件下，可以理解为社会主义生产资料公有制。马克思要重建的是什么样的个人所有制，这个比较难以把握。笔者认为，个人所有制至少有这样几个特点：（1）前提是生产资料共同占有，而不是私人占有，更不是私有制；（2）承认劳动者的个人所有权，重视劳动者社会主体地位；（3）劳动者在生产资料所有制面前是平等的；（4）个人对共同占有的生产资料有使用权，个人可以依法取得生产资料的使用权，并取得相应的经济收益；（5）个人以所有者的身份，参与生产资料的处置。这种所有制，既不是纯粹的公有制，也不是纯粹的私有制，而是介于公有制与私有制之间的一种所有制形式。生产资料是共有的，利益分配是兼顾共有和个人的。目前，我国实行的以公有制为主体，多种经济共同发展，接近马克思要重建的这种所有制形式——个人所有制。最大限度地实行生产资料共同占有，最大限度发挥劳动者生产经营积极性，经济社会利益最大化和共同富裕，应该是这种所有制重建的出发点和落脚点。

附录7 "供给侧结构性改革"
与马克思"有用的具体劳动的
生产力"一脉相承

　　马克思在《资本论》中明确指出，我们一般所说的生产力始终是有用的具体劳动的生产力。有用劳动作为物质产品的源泉，与有用劳动的生产力成正比。就是说，有用劳动生产力越高，有用劳动就越有效果，从而制造的物质财富就越多。生产力属于劳动的具体有用形式。不管生产力发生了什么变化，同一劳动在同样时间内提供的价值量总是相同的，但是它在同样的时间内提供的使用价值量会是不同的。生产力提高时就多些，生产力降低时就少些。①

　　马克思在这里提出了一系列重要的命题。一是在商品生产过程中，生产劳动必须是有用的具体劳动。这种劳动作为价值对自己有用，作为使用价值对别人有用。如果你生产的使用价值对别人没用，那么你的劳动就变不成价值，那就是无用劳动。二是劳动生产力是指有用的具体劳动生产力，这个概念往往被人们所忽视。劳动生产力首先必须是有用的，否则，就是无用的。比如，生产出的是废品或者造成资源浪费和环境破坏，那就没有生产的必要。同时，劳动生产力必须是具体劳动，而不是抽象劳动，因为抽象劳动不会生产出使用价值，只能形成价值。三是有用劳动越有效果，生产的物质财富就越多。也就是说，生产力越是发达，社会财富就越丰裕。四是不管生产力发生了什么变化，同一劳动在同样时间内提供的价值量总是相同的。五是由于劳动生产力是在不断发展变化的，因此，他在同样的时间内提供的使用

---

　　① 马克思认为，生产力始终是有用的具体劳动的生产力。详见《资本》第一卷 第一篇 第一章。

价值量会是不同的。而分摊在每一件产品中的价值量是不同的。生产力水平越高，单位产品的价值量就越低，如果按照社会平均的价值量来交换，就能获得超额利润，这就是人们为什么要千方百计提高劳动生产力的原因。

有用的具体劳动生产力说到底属于商品生产的供给侧范畴。马克思当时主要强调的是：供给的规模和效果问题。但是，除了规模和效果之外，还有一个供给的结构问题。为此，习近平同志针对当前我国经济发展状况提出了"供给侧结构性改革"的命题。① 对此，我们应该有一个基本的认识：所谓的"供给侧结构性改革"实际上就是使用价值供给结构的改革和调整，就是让我们的生产力变成有用的具体劳动生产力。如果我们生产的使用价值不适销、不对路，消费者不买账，那我们的劳动即使是具体劳动，也是无用的具体劳动。假如我们生产的使用价值对别人没有用，或者消费者不喜欢，那么我们的资金投入、技术投入、劳动投入，就得不到社会的承认，生产出的产品价值也无法实现。我们必须以市场为导向，调整思路，重新规划，准确定位。国家最近一个时期，实行的"去产能"，"补短板"就是实行"供给侧结构性改革"的具体举措。

---

①　习近平．推进供给侧结构性改革［M］//十八大以来重要文献选编．北京：中央文献出版社，2018：172－176．

附录8 马克思土地资本理论
与我国土地问题研究①

随着我国工业化、城市化快速推进，土地问题已经成为社会热点问题。与土地问题直接联系的土地市场、土地价格、土地供求，尤其是房地产价格走势，越来越受到社会的广泛关注。可以预见，未来一个时期，土地经济学可能成为一个热门学科。然而，就我国目前的土地经济学理论体系来看，许多理论范畴有待进一步研究，如土地资本、土地财政、土地金融等。尤其像土地资本这么重要的概念至今尚未进入土地经济学教科书，不能不说是一个遗憾。

（1）马克思关于土地资本的论述集中在两本著作中，其中一本是《资本论》，在第三卷；另一本是《哲学的贫困答蒲鲁东先生〈贫困的哲学〉》。他认为，土地资本是为改良土地而投入土地并附着在土地上的资本，属于固定资本的范畴。

土地资本与土地资源、土地资产不是同一个概念。土地资源是人类生产、生活和生存的物质基础和来源。土地资产是指具有明确的权属关系和排他性，并具有经济价值的土地资源，它是土地的经济形态，是资本的物的表现。土地资本是为改良土地而投入土地并附着在土地上的资本，属于固定资本的范畴。马克思指出："土地资本"，是指人们对已经变成生产资料的土地进行的投资。马克思把土地区分为"土地物质"和"土地资本"两个性质不同，而又密切联系的范畴。他讲的土地物质实际上就是我们所讲的土地资源。马克思说："资本能够固定在土地上，即投入土地，其中有的是比较短期的，如化学性质的改良、施肥等，有的是比较长期的，如修排水渠、建设灌溉工程、平整土地、建筑经营建筑物等。我在别的地方②，曾把这样投入

---

① 本文曾发表在《经济问题》2013年第1期，原来的题目是：刍议马克思土地资本理论与我国土地改革现实——兼论构建中国特色土地经济学理论体系。
② 注释：马克思说的别的地方是指他的著作《贫困的哲学》。

土地的资本，称为土地资本。它属于固定资本的范围。"① 土地资本有狭义和广义之分。狭义的土地资本就是马克思《资本论》中讲的"土地资本"，广义的土地资本，是指当土地被投入流通，在运动状态中能实现增值，给所有者或经营者带来预期收益的时候，就变成了土地资本。

土地资本经营的前提是土地资产。我国实行土地公有制度，改革开放以前，土地一直是无偿、无限期、无流动使用，这一阶段的土地使用仅仅呈现为绝对的自然资源属性。《中华人民共和国宪法》和《中华人民共和国土地管理法》也曾明确规定土地管理是纯粹的资源管理，因而土地资本经营缺乏应有的基础条件，1987 年开始推行土地有偿使用后，国家和地方的法律、法规和政策性文件都做了相应的修改，允许土地有偿使用，允许土地进入市场，土地产权人则通过地租资本化使土地具有价格，一方面体现其固有的使用价值，另一方面显化了土地应有的交换价值，完成了土地仅仅具有资源属性向资源、资产双重属性的蜕变。至此，我国基本形成了土地资源、土地资产向土地资本转化的条件。现实中土地资本这个概念虽然叫得不是太响、用得不是太多，但它实实在在地存在着，并在很大范围内发挥着作用。

（2）土地资本是一种生产关系，在社会生产关系体系中，土地资本的代表是土地经营者而不是所有者，由此我们说，政府作为土地所有者经营土地，不仅不符合马克思主义原理，而且直接损害了农民的利益，与和谐社会建设直接相悖。

马克思在分析资本主义社会结构时明确指出："构成现代社会骨架的三个并存的而又相互对立的阶级——雇佣工人、产业资本家、土地所有者。"② 马克思又指出："土地资本的代表不是土地所有者而是土地经营者。"③ 这里的土地经营者与产业资本家实质上是一个阶级或阶层。在社会主义市场经济条件下，土地资本同样是生产关系的范畴。

（3）土地资本的收入分两块：一块是资本利息，一块是经营利润。国家在征用农民土地时既要考虑集体土地所有者的利益——地租，也应考虑拥有土地承包经营权的农民的利益——土地资本的利息与利润。

① 马克思. 资本论：第三卷 [M]. 北京：人民出版社，1975：698.
② 马克思. 资本论：第三卷 [M]. 北京：人民出版社，1975：698.
③ 马克思. 资本论：第三卷 [M]. 北京：人民出版社，1975：698.

马克思在《哲学的贫困》中指出："在不增加土地面积的情况下增加土地资本，会使土地得到改良，提高土地肥力，增加土地收入。这种因土地改良而增加的收入，不是地租，而是土地资本的收入，其实质就是利息和经营利润，是农业工人所创造的剩余价值的一部分。"① "作为资本的土地带来的收入不是地租而是利息和经营利润。"② 在土地资本运作过程中，土地经营者除了自有资本外，很大一部分资本来自银行贷款，因此在他的剩余价值中，有一部分是以利息的形式存在的，另一部分则是以经营利润的形式存在的。即使是自有资本，同样应当计算资本利息。地租是土地所有权的体现，因而不属于土地经营者。

（4）在资本主义制度下，土地资本带来的收入，在租约期间内，归租地农场主所有，租约期满以后，租地农场主对土地所实行的各种改良，就和土地一起变成土地所有者的财产。在我国广大农村实行家庭联产承包责任制之后，农民的土地承包经营权长久不变，在土地流转过程中，土地资产归承包者还是归土地所有者，需要深入研究。

马克思指出，土地资本一旦投入，形成渗入土壤的人工肥力，便同土地本身有机地溶合在一起而不可分离。从这个时候起"人工的土地肥力就被算作原有肥力，它的利益将落到地主手里"③。不管是短期可回收的土地资本，还是较长时间才能收回的土地资本，在通常的情况下，是由租地农场主投入土地的。这种土地资本带来的收入，在租约期间内，归租地农场主所有，租约期满以后，租地农场主对土地所实行的各种改良，就和土地一起变成土地所有者的财产。当重新订立租约时，不论这块土地是继续租给原来的租地农场主，还是租给另外一个租地农场主，土地所有者都会因为这块土地已经经过改良而提高地租。"这就是随着经济发展的进程，土地所有者日益富裕，他们的地租不断上涨，他们土地的货币价值不断增大的秘密之一。"④

马克思所说的这种情况与我国目前的现实有区别。在我国广大农村实行

① 马克思．政治经济学的形而上学《哲学的贫困第二章》［M］//马克思，恩格斯．马克思恩格斯选集：第一卷［M］．北京：人民出版社，1973：152.

② 马克思．政治经济学的形而上学《哲学的贫困第二章》［M］//马克思，恩格斯．马克思恩格斯选集：第一卷［M］．北京：人民出版社，1973：153.

③ 马克思，恩格斯．马克思恩格斯全集：第26卷Ⅱ［M］．北京：人民出版社，1974：161.

④ 马克思．资本论：第三卷［M］．北京：人民出版社，1975：699.

的是家庭联产承包责任制，广大农民享有土地承包经营权。并且国家规定，农民的承包经营权长久不变，可以转包，可以流转。由于土地承包权长久不变，因而在土地流转过程中，对土地追加的资本连同它的收入归承包者还是归土地所有者——集体。按道理应当归集体，但是在实际操作中难度很大。随土地资本的变化而提高"租金"，现在一般做不到。现在通行的办法是维持原状，长期不变。这样做不仅有利于土地资本的不断追加，从而提高土地肥沃程度，而且有利于广大农村的和谐与稳定。

（5）土地资本是一种产业资本。作为产业资本，运动和增殖是它的本性。土地资本的循环周转过去研究得比较少。当前土地问题和房地产问题日益突出，各种矛盾交织而生，土地资本运动规律、运行规则、操作规程值得探讨。

马克思当年在分析产业资本循环周转时，揭示出一个运动公式：G—W…P…W′—G′。G—W 是购买阶段；…P…是生产阶段；W′—G′是销售阶段。产业资本就是在这三个阶段不断循环往复地运动着，并在运动中不断保值、增值。如果某一个阶段发生中断，资本循环就受到阻碍。土地资本是不是这样？值得研究。马克思指出，只要土地不被用作生产资料，它就不是资本。① 这就是说，土地只有当作生产资料时，才具有资本的性质。土地资本是一种运动着的物质，只有在运动中才能保值增殖，而这种运动与其他资本的运动形式完全不同，它是以不动产的形式出现的。物质形态——土地面积可能不发生变化，但价值却在增加或减少。过去我们对土地资本研究得不是很多，今天，土地问题日益突出，迫使我们必须加紧研究。尤其是用于房地产开发的这部分土地资本如何运作，更需要深入研究。开发商的钱从哪里来？主要里来自银行。在政府干预下，房产难以销售，商品变成货币发生困难，资金链条出现"梗阻"，土地资本循环受到限制，损失最大的将是商业银行。如果说前一段政府的主要任务是控制房价过快上涨的话，目前的主要任务应当是防止房价大起大落。

（6）土地资本是商品经济高度发展的产物。在工业化与城市化进程中，土地资本具有不可替代的作用。我国目前实行的社会主义市场经济体制，为土地资本提供了广阔的发展空间。

土地资本是商品经济发展到一定程度的产物。在资本主义社会，土地资

---

① 马克思，恩格斯．马克思恩格斯选集：第一卷［M］．北京：人民出版社，1972：152.

本作为产业资本是与农业资本家阶级的形成直接联系的。众所周知，在资本主义农业经济中，主要有三大阶级：土地所有者阶级、农业资本家阶级和雇佣工人阶级。这三个阶级的形成说明资本主义农业的市场化程度已经很高。土地资本，有时称农业资本，在推动农业经济发展起到巨大的推动作用。在我国，从中华人民共和国成立到改革开放的30年间，实行的是计划经济，土地所有制的形式分两种：在城市实行土地国家所有，在农村实行土地集体所有。《中华人民共和国宪法》曾明文规定：土地是生产资料，但不是商品，不能买卖、出租和转让。因而在这一时期，没有土地资本这个概念。改革开放以来，尤其是建立社会主义市场经济体制以来，随着《中华人民共和国土地管理法》的修改，随着土地市场制度的建立，土地资本便应运而生。社会主义条件下的土地资本，作为社会主义市场经济的主要范畴，将在我国的农业－工业化和地域－城市化进程中起着巨大的推动作用。土地资本的存在不是可有可无，而是十分必要。土地资本功能的有效发挥，在农村将推动农业生产力的进一步提高，在城市将推动市政建设的进一步提升。

（7）马克思的土地资本理论是由一系列经济范畴构成的理论体系，这个体系具体渗透在马克思的土地所有权理论和地租理论中。我们的任务是：挖掘土地资本的科学内涵，完善土地资本理论体系，构建具有中国特色的社会主义土地经济学范式。

资本理论是构成马克思主义经济理论大厦的主体，土地资本理论是马克思资本理论的重要组成部分。马克思的土地资本理论是由一系列理论范畴构成的理论体系，其中包括：土地所有权理论和地租理论；土地供求与价格理论；土地资本的利息和经营利润理论等。如果将这些理论有机的整合在一起，将形成一个比较完整的土地经济学理论体系。然而，在我国现行的土地经济学教科书中，土地资本这个理论范畴，却没有得到足够的重视，多数教材甚至没有土地资本这个范畴。多数《土地经济学》将土地经济学理论内容阐述与实践问题分析相结合，在阐述土地经济学研究对象及其学科特征的基础上，依据对人地关系的分析，从人口—生态—环境—能源—粮食等角度较为全面地介绍土地资源承载力理论与方法，继而介绍土地价值、土地需求与供给、土地市场、地租、地价、土地利用、土地利用区位等相关理论与方法，并基于对土地利用外部性及市场失灵的阐述，介绍土地产权及制度变迁以及土地保护、土地利用规划的经济学分析等相关内容，阐述土地金融制度、土地征用制度、土地税收制度等内容，最后从土地制度与经济发展相互关系角度，介绍土地宏观调控政策及其政策评价方法。在这样的框架中，没有明确阐述"土地资本"这个范畴，不能不说是一个遗憾或缺陷。

为此，笔者建议：将土地资本纳入土地经济学理论体系，用土地资本范畴统领土地经济学，以土地资本、土地供求、土地市场、地租地价、土地产权、土地财政、土地金融、土地经济可持续发展为核心范畴，构建具有中国特色的社会主义土地经济学理论体系。

主要参考文献

1. 马克思. 资本论: 1-3 卷 [M]. 北京: 人民出版社, 1975.

2. 陈征.《资本论》解说 [M]. 福州: 福建人民出版社, 1980.

3. 张薰华.《资本论》脉络 [M]. 上海: 复旦大学出版社, 2012.

4. 卫兴华.《资本论》简说 [M]. 北京: 中国财政经济出版社, 2014.

5. 吕宝海. 图示·表解《资本论》[M]. 北京: 中国财政经济出版社, 2011.

6. 越村信三郎.《资本论》图解 [M]. 袁镇岳, 译. 西安: 陕西人民出版社, 1983.

后　记

　　《资本论》是我平生最喜欢、读得最认真、受益最大的一部马克思主义经典著作。学习、研究、传播《资本论》，既是我的职业，也是我的事业。我与《资本论》有着不解之缘。

　　最初接触《资本论》是1977—1979年，当时山西省教育厅为了给高校培养政治理论教师，在山西省教育学院举办了三个政治理论研究班：哲学班、政治经济学班、科学社会主义班。一开始我被分到哲学班，后来听说政治经济学班开设《资本论》课，出于对马克思经典著作的向往，主动请求进入政治经济学班学习。给我们讲授《资本论》的是康丁老师和荆献瑞老师。康丁老师早年在延安抗日军政大学学习政治理论。新中国成立后，历任中共山西省委党校教育长、山西大学政治系主任、山西省教育学院副院长，曾在中共中央党校高级理论班学习，在《资本论》教学科研方面很有造诣。荆献瑞老师毕业于南开大学经济系，经济学科班出身，具有扎实的学术功底和丰富的教学经验。这两位老师既是我的经济学启蒙老师，也是我的良师益友。山西省教育学院这一段学习经历终生难忘，老师们呕心沥血，同学们刻苦钻研。良好的教风学风，研究性学习的场景，至今历历在目。

　　1982年春，我有幸参加了教育部在厦门大学举办的为期一年的高校骨干教师（政治经济学）培训班。当时，在厦门大学经济学院任教的老师多数是著名经济学家、《资本论》早期翻译者——王亚南先生的弟子，这是一支优秀的教学科研团队，在国内外享有很高的声誉。刘熙钧老师主讲《资本论》第一卷，蒋绍进老师讲授《资本论》第二卷，王锦涛老师讲授《资本论》第三卷，吴宣恭老师主讲政治经济学（社会主义部分）。会计学家葛家澍老师，统计学家钱伯海老师，财政学家邓子基老师也为我们开设了专题课。老师们的严谨教风、渊博知识和精彩演讲，给我留下来十分深刻的印象。

　　从厦门大学学习归来后，我在山西省教育学院政治理论系主讲《资本论》和政治经济学，教学过程中，尝试运用图表辅助教学，收到良好效果。经过几年的潜心研究整理出一套《＜资本论＞图表》（以下简称《图表》）。《图表》初稿完成后，找到时任山西大学经济系主任的刘子威教授，希望得到指教。刘子威、相养模和靳共元等专家学者看后给予充分肯定，并鼓励我进一步修改完善。后因教学、科研及行政工作繁忙，《图表》被"沉睡"了多年。我的好友：原山西财经大学经济学院院长、现任山西省《资本论》研究会副会长兼秘书长——靳共元教授多次在公开场合给同仁们介绍这一成果，我深受鼓舞，也曾下决心"重整旗鼓"，但都以各种原因而搁浅，真正列入议事日程是在最近几年。2016 年，山西大学博士生导师邸敏学教授受聘来山西大学商务学院，我们同在思政部合作共事。邸老师看了《图表》后，认为用图表的方式解读《资本论》，是马克思主义大众化，尤其是《资本论》大众化的有效途径。在邸敏学教授鼓励下，我便重新启动了《图表》的修订工作。没想到这居然是一项大"工程"。原先的《图表》仅仅是一个主体框架、逻辑结构或基本脉络，要想真正帮助读者快速阅读《资本论》，必须对每一幅图所涉及的相关内容进行逐个的解读。而要完成这个任务，必须弄懂《资本论》的理论体系、逻辑结构、基本原理、概念范畴及其内在联系，必须重新研读《资本论》。

　　为此，我制定了一个三年写作计划，拟在纪念马克思诞辰 200 周年时脱稿，以此献给千年伟人——马克思。2016、2017、2018 这三年，集中精力，紧锣密鼓，读原著，悟原理，写阐释。《资本论》博大精深，越读越有味，阅读越上瘾。有时为了弄懂一个范畴或一段话，对照原著，查找资料，反复琢磨，直到理解。有时忙乎了一整天，写出了一大片，反过头再看，不满意，推倒重来。就这样抱着对读者、对自己负责的态度，一章一章地读，一遍一遍地看，一节一节地写。这时我才真正体会到什么叫"二次创作"。《资本论》是马克思主义政治经济学的经典著作，内容丰富，体系严密，结构完整，篇幅巨大，要用百十幅图表完成对《资本论》要义的阐释，简直就像"愚公移山"。功夫不负有心人，经过不懈奋斗，总算完成了任务。当拿到电子版定稿小样的时候，内心充满激动，充满喜悦，充满获得感。

　　2018 年 11 月 4 日，山西省《资本论》研究会年会在山西大学商务学院隆重召开。大会安排我做了"图表解读《资本论》"的主题发言，介绍了本书的写作目的、主要内容、研究方法、表述体例、前后经历等，得到与会专家学者的好评。

正当我思谋本书如何出版的时候，邸敏学老师又给我送来了光明日报出版社"光明社科文库"的征稿信息，并鼓励我积极申报。后经本人申请，出版社审核，同意资助出版。在此我要感谢邸老师和光明日报出版社"雪中送炭"！感谢山西省哲学社会科学规划办公室给予本书的后期资助！感谢引领我步入《资本论》殿堂的各位恩师！感谢靳共元教授、邸敏学教授、梅建军教授、赵满华教授的鼎力相助！感谢山西省《资本论》研究会同仁的鼓励！感谢夫人刘春风和女儿原源的支持！本书撰写过程中，吸收了诸多专家的研究成果，恕未一一标注，敬请谅解。山西大学商务学院思政部办公室主任朱丽红和学院印刷厂的朋友，为本书的编排付出了辛勤劳动，在此一并致谢！

2019 年 1 月　于太原